臺灣歷史與文化^{研究}^{輯刊}

初　編

第 2 冊

臺灣海東四子研究（中）

楊 明 珠 著

花木蘭文化出版社

國家圖書館出版品預行編目資料

臺灣海東四子研究（中）／楊明珠 著—初版—新北市：花
木蘭文化出版社，2013〔民102〕
目 2+144 面；19×26 公分
（臺灣歷史與文化研究輯刊 初編；第 2 冊）
ISBN：978-986-322-255-2（精裝）
1. 臺灣文學　2. 文學評論
733.08　　　　　　　　　　　　　　　　102002940

ISBN-978-986-322-255-2

9 789863 222552

臺灣歷史與文化研究輯刊
初　編　第　二　冊　　　　　ISBN：978-986-322-255-2

臺灣海東四子研究（中）

作　　者　楊明珠
總 編 輯　杜潔祥
出　　版　花木蘭文化出版社
發 行 所　花木蘭文化出版社
發 行 人　高小娟
聯絡地址　235 新北市中和區中安街七二號十三樓
　　　　　電話：02-2923-1455／傳眞：02-2923-1452
網　　址　http://www.huamulan.tw 信箱 sut81518@gmail.com
印　　刷　普羅文化出版廣告事業
初　　版　2013 年 3 月
定　　價　初編　30 冊（精裝）新台幣 60,000 元

臺灣海東四子研究(中)

楊明珠　著

目次

第五章　海東四子的詩觀

第一節　晚清的詩史精神

　　劉勰《文心雕龍·時序》：「時運交移，質文代變。」在不同的時代，政治、社會、文化、思想、風俗等環境背景都不相同，這些不同的背景因素對詩人作家造成的影響往往會明白呈現在他們的創作上，即使在文學發展的內在因素左右之下，不同的時代所產生的文學還是都各有其獨特的內容與形式風貌。

　　清道、咸以降，雖然宋詩風氣又再風靡一時，但是，在晚清世變時代環境裡，深感家國之痛、憂心民瘼的社會寫實主義詩人更多，他們親經流離顛沛之苦，目睹家國慘變之痛，詩風因此為之一轉，創作出更多的憤世哀時之音，這些緊扣住時代脈動的作品，具體而實在的反映當時政治社會面貌。

　　劉大杰《中國文學發展史》指出：

> 在這晚清的幾十年中，社會、思想都在發生變化。由龔、魏到康、梁的今文派，很明顯的表現了學術風氣的轉變。這一期的文學，更有新的面貌，如黃遵憲、譚嗣同諸人的新派詩，吳沃堯、李寶嘉、劉鶚諸人的譴責小說，梁啟超諸人的新體散文，或映出時代亂離的影子，或表現著民眾覺悟的感情，或暴露政府的懦弱與黑暗，或諷刺官吏的腐敗與貪污。總而言之，在他們作品中表現出來的，都具有新的思想內容，所用的形式與表現方法，都漸漸改變，一步一步趨於新方向的發展。〔註1〕

〔註1〕 劉大杰：《中國文學發展史》（臺北：華正書局，1977 年 5 月），頁 1008。

　　洪棄生《寄鶴齋詩話》〔註2〕卷七就記錄了他所觀察到晚清詩壇的社會寫實詩創作情形。他認爲在經過列強入侵、太平天國之亂，以及甲午之戰失敗之後，清末國家情勢已是一敗塗地，「君上爲綴旒，民物在刀俎」，因此，自道光、咸豐開始，憤慨熱血的詩人「情隨事轉，事因世變」，寫出許多狀流離、抒悲情、憂局勢、譴外夷的紀實痛事之作。例如李慈銘（1830～1894）〈庚申八月感事〉四首，詩中記述英法聯軍軍隊開入京城，清文宗因而北狩熱河一事，其中之一云：

　　　名王鐵騎鎮沽中（謂僧格林沁也），太息樊籬指顧空。孤注何曾謀
　　　寇準，籲留幾見約陳東。絕憐滄海橫流速，尚想神京拱衛雄。東
　　　望翠華應下淚，昭陵松柏起秋風（上以初八東狩次日爲文皇帝忌
　　　辰）。〔註3〕

　　洪繻認爲此類作品「淳實沈痛，可作當時記注」。事實上，「因事書寫」「可作當時記注」的社會寫實詩創作，比李慈銘更早的還有鄭珍（1806～1864）、貝青喬（1810～1863）、金和（1818～1885）等人。鄭珍將自身流離轉徙的個人悲苦與現實社會情況密切聯繫起來，寫出〈公安〉、〈經死哀〉等時代色彩濃厚的作品；貝青喬的〈題陳軍門遺像〉、〈官肉謠〉、〈輿夫嘆〉，都是緊扣社會事實、「即事命題」的樂府詩歌，用平白如話的詩句，敘述時事、爲民歌哭；而金和的〈圍城紀事六詠〉，在敘事中寓託諷貶，充分表達對清廷喪權辱國與英國簽訂南京條約的憤慨。〔註4〕這些作品都是砭刺時弊、體察民憂的作品，繼承了唐代杜甫的「詩史」精神，以及白居易、元稹「惟歌生民病」的新樂府詩風。

　　光緒二十三年，林紓（1852～1924）寫有〈閩中新樂府〉共五十首，其中「〈生髑髏〉，傷鴉片之流毒也；〈小腳婦〉，傷纏足之害也；〈破藍衫〉，歎腐也；〈檢曆日〉，惡日家之害事也」，這些就時事而寫的作品「著實說來，明

〔註2〕　洪繻：《寄鶴齋詩話》卷七（南投，臺灣省文獻委員會，1993 年 5 月），頁 137
　　　　～152。
〔註3〕　李慈銘：《越縵堂詩詞集三種》（臺北：鼎文書局，1973 年 1 月），頁 163。
〔註4〕　張秉戌、蕭哲庵主編：《清詩鑒賞辭典》（重慶：重慶出版社，1992 年 12 月），
　　　　頁 999～頁 1039。劉大杰：《中國文學發展史》（臺北：華正書局，1977 年 5
　　　　月），頁 1029～1030。鄭珍自言：「遭時世之亂，極生人之不堪，流離轉徙，
　　　　致於窮且死。」自此他的創作趨於寫實。貝喬青曾參露奕經軍幕，目睹清朝
　　　　軍政的腐敗、敵人的殘暴，寫了不少憂時詩歌。金和親歷太平天國之亂，因
　　　　而寫出具詩史價值的敘事詩。

白如話，足以喚醒世之夢夢者」，因此，首先是「吳人三昧子謂其書有益國民甚大，不僅為閩一隅而發，改題曰〈支那新樂府〉」，接著人在新加坡的邱菽園將之付梓刊行，而臺灣的王松則將之摘錄在其《臺陽詩話》，目的在「以告我臺人」。〔註5〕可見這些社會寫實詩作在海內外引起普遍的共鳴，並在社會大眾間造成廣大的影響。

　　光緒朝時又有黃遵憲（1848～1905）、梁啓超（1873～1929）等新派詩人推動詩界革命，黃遵憲是其中的代表，他也是清末嶺南派的重要詩人，他曾任駐日、英、美等地外交官，廣泛接觸西方思想及文化，並反思中國所以衰弱的原因；回國後他積極加入維新運動，為追求中國的富強而努力。他本著「詩雖小道，然歐洲詩人出其鼓吹文明之筆，竟有左右世界之力」〔註6〕的創作觀念，極力發揮文學的社會功能。康有為〈人境廬詩草序〉文中就力讚黃遵憲的詩作：

　　　　上感國變，中傷種族，下哀生民，博以寰球之游歷，浩渺肆恣，感

　　　　激豪宕，情深而意遠，益動於自然，而華嚴隨現矣。〔註7〕

　　也因為這樣的創作目的及創作成績，黃遵憲被譽為晚清一大「詩史」。黃遵憲在二十一歲時所寫的〈雜感〉詩中即提出「我手寫吾口，古豈能拘牽。即今流俗語，我若登簡編，五千年後人，驚為古斕斑」〔註8〕的創作主張，認為好的詩作要有個性，要有自我的面目，並提倡以通俗語言入詩。他更在〈人境廬詩草自序〉一文中明白提出他的詩歌改革理論：

　　　　士生古人之後，古人之詩，號專門名家者，無慮百數十家，欲棄去

　　　　古人之糟粕，而不為古人所束縛，誠戛戛乎其難。雖然，僕嘗以為

　　　　詩之外有事，詩之中有人，今之世異於古，今之人亦何必與古人同？

　　　　嘗於胸中設一詩境：一曰復古人比興之體；一曰以單行運排偶之體；

　　　　一曰取離騷樂府之神理而不襲其貌；一曰用古文家伸縮離合之法以

　　　　入詩。其取材也，自群經三史、逮於周秦諸子之書，許鄭諸家之注，

　　　　凡事名物名切於今者，皆采取而假借之；其述事也，舉今日之官書、

<hr>

〔註5〕　見王松：《臺陽詩話》（南投：臺灣省文獻委員會，1994年5月），頁24～頁26。《臺灣日日新報》，明治三十四年四月二十一日。

〔註6〕　黃遵憲：〈與丘菽園書〉，見郭紹虞編：《中國歷代文學論著精選》（臺北：華正書局，1992年3月），頁346。

〔註7〕　康有為：〈人境廬詩草序〉，見錢仲聯：《人境廬詩草箋注》（上海：上海古籍出版社，1981年6月），頁1。

〔註8〕　見黃遵憲：《人境廬詩草》（臺北：鼎文書局，1978年8月），頁8。

會典方言俗諺，以及古人所未有之物，未闢之境，耳目所歷，皆筆而書之；其鍊格也，自曹、鮑、陶、謝、李、杜、韓、蘇，訖於晚近小家，不名一格，不專一體，要不失乎為我之詩。誠如是，未必遽躋古人，其亦足以自立矣。〔註9〕

總括來說，黃遵憲的創作觀點主要為：「欲於今日之時代，寫今日之事物，使詩中有人，詩外有事，不能施之於他日，移之於他人，而以言志感人為主」〔註10〕，因此學古人之法而不被約束、要有詩人自我的個性；在創作方法上則提倡詩體革新，主張用古文家寫散文的方法寫詩，詩作反映時代，以時語、方言、俗諺入詩。這樣的創作觀念並非始自黃遵憲，〔註11〕但因為他明白提出這些創作主張，又能切實在創作之中踐履，所以他在清末詩壇能矯然特立，放出異彩。王賡今《傳是樓詩話》說：

嘉應黃公度京卿人境廬詩，多紀時事，且引用新名詞，在晚清詩格中良為變體。人謂其浸淫定盫，石遺則謂其嗣響晞髮。要之，一時代中，固有一時代作者，能開風氣，舍君其誰？〔註12〕

黃遵憲將遊歷各國時看到的世界政治風雲的變幻，所目睹的世界各國奇風異俗，所領悟的新舊文化的更迭變化，所聽聞的古所未有的新語言，都寫

〔註9〕 黃遵憲：〈人境廬詩草自序〉，《人境廬詩草》，頁1～頁2。

〔註10〕 見黃遵憲：《人境廬詩草》，頁3。

〔註11〕 明代詩人李卓吾及其弟子公安派袁宗道三兄弟，即強調文學的進化性、詩人個性的重要等觀念。同處清代的沈德潛則提出學古而不被古所限的主張，其《說詩晬語》云：「詩不學古，謂之野體。然泥古而不能通變，猶學書者但講臨摹，分寸不失，而己之神理不存也。作者積久用力，不求助長，充養既久，變化自生，可以換卻凡骨矣。」又有薛雪《一瓢詩話》：「學詩須有才思、有學力，尤要有志氣，方能卓然自立，與古人抗衡。若一步一趨，描寫古人，已屬寄人籬下。」見丁福保編：《清詩話》（臺北：木鐸出版社，1988年9月），頁524、頁678。至於詩作反映時代、時語俗語入詩，自《詩經》、漢古詩起，已建立此文學傳統；而以散文方法作詩，則是宋代詩人的創作特色。方法非新創，但黃遵憲融合運用這些方法，在詩作中反映出來的時代則是古人未經歷的獨特新時代，如：異國風光、西方新思潮、科學新技、新事物名稱；他又擅於長篇之製，在敘事狀物上能達到卓越之境，因而見重藝林，如梁啟超《飲冰室詩話》力讚曰：「生平論詩，最傾倒黃公度，恨未能寫其全集。頃南洋某報，錄其舊作一章，乃煌煌二千餘言，真可謂空前之奇搆矣！……有詩如此，中國文學界足以豪矣！因亟錄之，以餉詩界革命軍之青年。」收入《飲冰室文集》卷四（臺北：同光出版社，1980年7月），頁32。

〔註12〕 轉引自吳天任：《黃公度先生傳稿》（臺北：文海出版社，1978年1月），頁386。

進他的創作中，因此，黃遵憲的詩歌題材大大擴展了，充分表現出當時代的潮流及精神，有著豐富的時代內容和新穎的詩歌意境。錢仲聯《夢苕盦詩話》說：

> 予以爲論公度詩，當著眼於其人民性、現實性之深度如何，其愛國精神能反映出近百年來中國？公度詩之眞價即在此。……撫時感事之作，悲壯激越，傳之他年，足當詩史。〔註13〕

李曰剛《中國詩歌流變史》則說：

> 此派詩家大抵怵於世變，思以經世之學易天下，及餘事爲詩，亦多詠歎古今，指陳得失。或直溯杜公，得其沈鬱之境；或旁參白傅，效其諷諭之體。故比辭屬事，非學養不至；言情物，亦詩人之本懷。其體以雄渾爲歸，其用以開濟爲鵠。〔註14〕

他們都肯定新派詩人的創作能夠切實反映時代的寫實特色，以及詩人撫時感事所抒發之殷切情感，並直指新派詩人上承杜甫、白居易的寫實特色及「詩史」精神。

在清末詩壇蔚爲流派的又有宗宋同光體一派，創作時重在襲古擬古不出古人規矩，〔註15〕不過，同光派詩人陳衍在〈山與樓詩敍〉文中也說：

> 余生丁未造，論詩主變風變疋，以爲詩者，人心哀樂所由寫宣，有眞性情者，哀樂必過人，時而齋咨涕洟，若創巨痛深之在體也，時而忘憂忘食，屨決踵、襟見肘，而歌聲出金石、動天地也。〔註16〕

可見，詩人身處在歷史轉捩點的世變時代，基於關懷國家社會的感情，自然都會寫出貼合時代背景的作品，這種變風文學創作的自覺，自唐代杜甫、白居易張顯發揚之後，歷逢政治昏暗、時局敗壞之際，寫實的社會詩作即盛行。清末詩人大量寫出記事徵實、深富「詩史」精神的創作雖非創新之舉，但是他們作品反映的是他們所身處的特殊時代環境，自有其時代的特色及價值，這也是清末詩歌創作值得探討的地方。

詩人在創作反映社會現實的詩作時，爲了適應紀事徵實的內容寫作需

〔註13〕見錢仲聯：《人境廬詩草箋注》（上海：上海古籍出版社，1981年6月），頁434。

〔註14〕李曰剛：《中國詩歌流變史》（臺北：文津出版社，1987年2月），頁893。

〔註15〕李曰剛：「在風格表現上分爲二派，其一以陳寶琛、鄭孝胥爲主，以『清蒼幽峭』風格爲長；另一以陳三立、陳衍爲主，以『生澀奧衍』風格爲主。」李曰剛：《中國詩歌流變史》，頁822。

〔註16〕收入陳衍：《石遺先生集》（臺北：藝文印書館），頁61。

要，在詩歌形式上也有相應的變化，例如：運用自由變化的古詩、樂府以利敘事論事；大量寫作可不斷延續的聯章組詩；爲清楚交代所述時事而附序、加注；詩歌語言因敘事寫實的關係，具有散文化、口語化的特色；又因敘述時事，所以「時語」、「新詞」常入詩句，詩中也常引入新思想、新學說、新事物。這些，無論內容上或形式上的表現，都是清代晚期詩歌創作所具有的時代特徵。〔註17〕

第二節　臺灣的樂府風潮

　　臺灣文學的發展演變，在清領初期至中葉期間，在流寓仕宦及文人的主導之下，是以描述風土民風、體物寫情的作品爲主，這樣文風所以形成，一方面是清朝高壓政治箝制、文士畏懼以文賈禍，另一方面，是大陸文人在看到迥異於內地風光的亞熱帶臺灣景物時，於驚訝與好奇心情驅使之下所寫的見聞記錄。〔註18〕但是，早年來臺拓墾的居民面對未闢草萊，生活艱困，本有許多可歌可泣的事跡，又因族群認同、爭地搶水等問題，民變、械鬥幾乎不間斷，除此之外，因臺灣地理位置重要、資源豐富，一直是列強覬覦的對象；面對這樣躁動不安、多事多難的臺灣社會，臺灣文學很早就發展出深具時代社會色彩的長編紀事詩。連景初〈三百年來臺灣的詩〉一文就提到臺灣詩歌發展中的這一個特色，他說：

> 三百年來臺灣詩人的結社吟詠，雖各個時期風氣有所不同，但從三
> 百年來臺灣的史實看來，無疑是憂患多於安樂。詩人對於時序代謝、
> 政治變革，人事悲歡，民生疾苦，不能無感於衷，故有觸即發，只
> 有以詩來發洩。這些流傳下來的詩篇，有時代的寫照、自然環境與

〔註17〕劉增傑主編：《中國近代文學思潮》第六章（臺北：文史哲出版社，1997年2月），頁186～頁191。張秉戌、蕭哲庵主編：《清詩鑑賞辭典·前言》（重慶：重慶出版社，1992年12月）。

〔註18〕連橫《臺灣通史·藝文志》：「夫以臺灣山川之奇秀，波濤之壯麗，飛潛動植之變化，可以拓眼界、擴襟懷、寫遊跡、供探討，固天然之詩境也。以故遊宦之士，頗多撰作。」（臺北：1994年5月一版二刷），頁616。關於臺灣文風發展受時代環境的情形，可參考施懿琳等編：《臺中縣文學發展史》（臺中：臺中縣立文化中心，1995年6月）第二篇第一章第二節。陳昭瑛：〈儒家詩學與日據時代的臺灣〉，收入《臺灣儒學》（臺北：正中書局，2000年3月），頁251～頁287。

人文的記述，可爲文獻的資料。〔註19〕

例如，乾隆三年（1738）舉人陳輝所寫的〈買米〉：

市米三百錢，暟暟纔一斗，聚因漁利家，乘此誇其有。

臺人不皆貧，亦豈盡富厚？菜色歎時艱，枵腹絕薪粳。

官司榜平糶，人趨惟恐後。一丁米三升，鞭扑驚且走。

攢簇擁吏胥，蒙怒不厭醜。公廷散未了，挈糒且扶耆。

誰謂臺陽地，盈阡更累畝？名爲產米鄉，亦有饑人否！

聞道昔先民，餘三在耕九；貯粟豫爲計，豐儲多聚朽。

今人何不然，歲歉輒搔首。謂是俗紛華，虛糜費已久；

所以無贏餘，饑來罄瓦缶。窮廬有寒士，捉衿常見肘。

米賤揚糠粃，米貴懸杵臼。三炊雖舉火，茹草兼飯糅。

一聞米價高，歎息謀菜婦；高堂有老親，幼子尚黃口。

仰事與俯畜，詩書非瓊玖。欲賣不值錢，換米祇取咎。〔註20〕

生活在產米之鄉的臺灣卻米價騰貴，三百錢才買得一斗米，〔註21〕貧窮寒士不僅自己「菜色歎時艱，枵腹絕薪粳」，也爲無力供養一家老小生計而自咎自責；「誰謂臺陽地，盈阡更累畝？名爲產米鄉，亦有饑人否！」這是詩人的肺腑之歎，也是對當時臺灣社會問題的如實寫照，是深富樂府詩歌諷諭精神的作品。再如孫元衡〈颶風歌〉、阮蔡文（1666～1715）〈大甲婦〉、藍鼎元（1680～1733）〈臺灣近詠十首呈巡使黃玉圃先生〉、卓夢采〈避寇鼓山〉、林占梅（1821～1868）〈地震歌〉〔註22〕……，也都是以臺灣時事爲書寫主題的新樂府之作。

道光年間，臺灣道徐宗幹著意提倡樂府民歌，對臺灣現實主義詩歌風氣的開展有不小的影響。徐宗幹選輯海東書院院課文章刊成《瀛洲校士錄》，其中就有新樂府六章，題爲〈保生帝〉、〈鯤身王〉、〈羅漢腳〉、〈伽藍頭〉、〈草

〔註19〕連景初：〈三百年來臺灣的詩〉，收入《臺南文化》舊刊第八卷第三期，1968年9月，頁3362。

〔註20〕收入范咸：《重修臺灣府志》（臺北：臺灣銀行經濟研究室，1961年11月），頁801。

〔註21〕連橫分析臺灣爲產米之鄉卻米價高漲的原因：一是撥運福州、漳州、泉州的穀糧甚多，米價自騰；二是兵米、眷米等耗量甚大；三是漳、泉之人湧入，半爲流民，坐而待食。見《臺灣通史・農業志》，頁648～頁651。

〔註22〕以上諸詩作，收入陳漢光：《臺灣詩錄》（臺中：臺灣省文獻委員會，1984年6月再版），頁157、頁191、頁204、頁211、頁753。

地人〉、〈烏煙鬼〉，都是以臺灣時事爲內容所寫的紀事詩。其中許廷崙所作的
〈羅漢腳〉：

> 羅漢腳，不爲商賈不耕作，小者游惰大飲博。游手好閒勿事事，酗
> 酒搏擊群猖狂。果爾擒至即撲死，一時風俗爲之馴。作法於嚴弊難
> 止，作法於寬復何恃！藉以負戈殳，驅以就耒耜。不然百人坐食一
> 人耕，鳩化爲鷹橘爲枳。刑法重，恩澤深；金剛目，菩薩心。〔註23〕

陳淑均《噶瑪蘭廳志》對羅漢腳造成臺灣社會不安的情形有詳細的描寫：

> 臺灣一種無田宅無妻子、不士不農、不工不賈，不負載道路，俗指
> 謂羅漢腳。嫖賭摸竊、械鬥樹旗，靡所不爲。曷言乎羅漢腳也？謂
> 其單身遊食四方，隨處結黨；且衫褲不全，赤腳終生也。大市不下
> 數百人，小市村不下數十人，臺灣之難治在此。〔註24〕

我們將〈羅漢腳〉詩作內容與《噶瑪蘭廳志》中所記的史實作比較，真
應了「詩即史」這一句話。再如李華所作的〈草地人〉：

> 臺陽膏腴地，一歲或三熟。可憐草地人，不得飽糜粥。里正催租來
> 捉人，林投有洞去藏身。晝伏夜歸饑不忍，歸來惟對甑中塵。曩者
> 城中來，曾見城中客；峩峩稱大家，丹艧間金碧；豐衣美食如山積，
> 不如賣女圖朝夕；使儂莫作溝中瘠，女事貴人兩有益。吁嗟乎！墜
> 茵墜溷不可知，飛絮飛花豈有擇！君不見，石濠別，幽怨聲；流民
> 圖，淒涼色。

李華此詩寫臺灣米價騰貴，種米的農戶卻生活艱困，因而有賣女鬻子的念
頭；他詩作的語言平白如話、如實敘述，明白指出臺灣社會的經濟困頓問題，
詩中流露出詩人諷諭砭刺之意，連橫以爲「此真爲草地人寫照矣」。〔註25〕

同治年間的陳肇興，將親身經歷戴潮春事變時所見、所聞的臺灣社會的
亂離現象寫成詩作，集成《陶村詩稿》一書，並因此而得「詩史」美稱；吳
德功在〈陶村詩稿序〉文中說陳肇興：

> 其詩胎息於少陵。蓋少陵因安、史之亂避地西蜀，以時事賦詩，寫
> 其忠愛之慨，人稱「詩史」；陶村之作，類此者極多。〔註26〕

〔註23〕 連橫：《臺灣詩乘》（南投：臺灣省文獻委員會，1992 年 3 月），頁 137。
〔註24〕 陳淑均：《噶瑪蘭廳志》（臺北：臺灣銀行經濟研究室，1963 年 3 月），頁 28。
〔註25〕 連橫：《雅言》（臺北：臺灣銀行經濟研究室編印，1963 年 2 月），頁 41。
〔註26〕 吳德功：〈陶村詩稿序〉，收入王建竹主編：《臺中市志稿‧藝文篇》（臺中：
臺中市文獻委員會，1968 年 5 月），頁 3634。

　　下面引錄陳肇興〈羅山兩男子〉一詩的前半部，就可以明白吳德功說陳肇興「以時事賦詩，寫其忠愛之慨」的意思：

　　　　黑雲壓陣鼓聲死，軍中躍出兩男子。

　　　　誓掃黃巾不顧身，錐牛大饗千義民。

　　　　靴中尖刀腰間箭，裂眥決戰飛黃塵。

　　　　可憐糧盡援復斷，裹瘡一呼死傷半。

　　　　力盡關山未解圍，軍無儋石多思叛。

　　　　賊騎長驅斗六門，萬人散盡兩男存；

　　　　反手被縛見賊王，脅之使跪仍雙蹲。

　　　　一男戟手與賊語，生不滅賊死殺汝；

　　　　雙眉倒豎目如炬。一男掀髯與賊言，

　　　　男兒七尺報君恩，今日之死泰山尊。〔註27〕

　　這股社會寫實詩風，在清領後期的臺灣，尤其是在乙未割臺前後，大大興盛起來，詩人們大量創作社會寫實詩作，既為臺灣的多變歷史留下了最佳印證，也寄託了他們憂時憂國的殷切情懷，這是承續杜甫、白居易一派的社會寫實主義的創作，深具「詩史」之精神與價值。連橫注意到到乙未割臺之變在詩壇造成的影響，他說：

　　　　重以輿圖易色，民氣飄搖，侘傺不平，悲歌慷慨，發揚蹈屬，凌轢

　　　　前人。……是詩是史，可興可群。讀此編者，其亦有感於變風、變

　　　　雅之會也歟！〔註28〕

　　李黃海〈與雅堂〉的信中也說：

　　　　夫詩之起源，本緣蘊於衷而發其辭，哀怨和樂，與時政民風相關係，

　　　　在上者聽其歌聲，審其詞旨，則其時之治亂可知矣。周德浸衰，雅

　　　　變為風，孟子曰：「詩亡然後春秋作。」……吾曹處人矮屋，能不低

　　　　頭？滿腔抑鬱，無可展舒。而為詩，可以興怨，必有一種不能言不

　　　　敢言不忍言之清長沈痛可入豪竹哀絲，如白石之詞，遺石之詩，留

　　　　與後人作史料也。〔註29〕

　　他們都觀察到：日據時期的臺灣詩人在創作時，有明確的「詩史」觀念

〔註27〕收入陳漢光：《臺灣詩錄》，頁815。

〔註28〕連橫：〈臺灣詩乘自序〉，同注23，頁3。

〔註29〕收入連橫：《臺灣詩薈》（南投：臺灣省文獻委員會，1992年3月），頁337。

的自覺，多欲效仿杜甫、白居易寫實創作的精神。正如許俊雅所說的：日據時期的詩人「遠紹大序言志之旨，奉少陵詩史為圭臬，法香山諷諭而敷辭，賦詩寫實，輒評日政之暴」。〔註30〕這種「詩史」、「諷諭」的創作態度，既是中國傳統詩學精神的承繼，也和清晚期詩壇的風氣相通。

日據初期，冰壺生〈憂盜行〉、〈出門行〉二首作品，描寫強盜橫行，導致出門有礙、商旅難行的困境，〔註31〕而詩末兩句「只合埋怨自家門戶未堅密，焉用亂瀆長官為」，諷刺當局的旨意盡出。詩人洪棄生（1867～1929），作〈催科役〉、〈苦熱行〉、〈臺灣淪陷紀哀〉、〈聞倭軍隊搜山感賦〉等詩，或記清領時期之臺事、或敘日據時期之民情，「雖直筆褒貶，然語復蘊藉，深得詩經溫柔敦厚之旨，堪稱詩史」。〔註32〕引錄〈催科役〉於下：

> 門前咆哮鳴，屋後銀鐺聲。父老不敢出門視，催科到處雞犬驚。催科猙獰如虎狼，催科震怒如雷霆。不為爾曹賄賂至，菽粟豈能生公廳！前者催科歸業戶，業戶自知辛苦情。今者催科歸我曹，我曹惟有醉飽行。某月某日下新令，新供舊供火速清。老農聞此語，方知前日是太平。〔註33〕

這首詩描寫老農受稅徵所苦，正如臺諺所言：「一隻牛剝兩層皮。」洪棄生在〈彰化興利除弊問對〉一文曾提到稅契之害：

> 今則以此為漁利之門，催科更甚於常賦。是以稅契之役散於四境者，擾不勝言也。況稅契之利，公收其一，私蝕其二；入於官者不見多，朘諸民者不見寡。〔註34〕

〈催科役〉一詩，是他親身經歷、有感而發之作。彭國棟廣臺灣詩乘：「（洪棄生）其所為詩，多系三臺掌故。自清末政治設施，以逮臺亡前後，戰守之迹，日行橫暴之狀，民生疾苦之深，皆著於篇章，言乎不愧詩史。」〔註35〕

宣統三年（1911），梁啟超應林朝崧邀請到臺中萊園作客，他見到「臺灣

〔註30〕許俊雅：《臺灣寫實之作之抗日精神研究》（臺北：國立編譯館，1997年4月），頁34。
〔註31〕《臺灣日日新報》，明治三十二年二月九日。
〔註32〕程玉凰：《洪棄生及其作品考述》（臺北：國史館印行，1997年5月），頁338。
〔註33〕收入林文龍：《臺灣詩錄拾遺》（臺中：臺灣省文獻委員會，1979年12月），頁191。
〔註34〕收入洪棄生：《寄鶴齋選集》（臺北：臺灣銀行經濟研究室，1972年8月），頁5。
〔註35〕彭國棟：《廣臺灣詩乘》（臺中：臺灣省文獻委員會，1956年4月），頁181。

特有之施政，爲日本內地及他文明國所未行者」，「劌心怵目，無淚可揮」，因
仿白香山秦中吟，作有〈斗六吏〉、〈墾田令〉、〈公學校〉等即事命題的樂府
詩作，其中〈斗六吏〉：

> 警吏陣斗六，數百如合圍。借問此何者，買地勞有司。
>
> 赫赫糖會社，云是富國基，種庶當得由，官價有程期。
>
> 小人數畝田，死父之所遺。世守亦百稔，饘粥恆於斯。
>
> 願弘一面仁，貸此八口飢。欲語吏先嗔，安取閒言辭。
>
> 府令即天語，豈天乃可違。眾雛各有命，何不食肉糜。
>
> 出券督畫諾，肘後吏執持。拇印失爛熳，甘結某何誰。
>
> 昔買百緡強，今賣不半之。便願不取直，方命還見笞。
>
> 一日買十甲，一月千甲奇。入冬北風起，餓殍闖路歧。
>
> 會社大煙突，驕作竹筒吹。

日本官吏假借公益事業必要之名，不顧臺灣農民的意願及權利，以武力
威脅強行低價收購土地，致使農戶生活無著，陷入絕境；梁啓超在詩中刻畫
日人殖民臺灣的妄尊自大，將臺人視爲二等國民，罔顧臺人的主權、財產權，
梁啓超以爲在這種情況下，「臺灣人之財產所有權，固無一時可以自信自安
也」。〔註36〕

上述這些社會寫實作品，不論作者是臺灣本土士人，或是游寓臺灣的大
陸人士，敘寫的內容與臺灣社會生活緊密結合；從乾隆年間的陳輝，一直到
日據臺灣時期的洪棄生，他們都一樣地關懷臺灣社會、關懷生活在這一塊土
地上的人民；不同時期的詩人所創作的新樂府詩作，爲不同階段的臺灣社會
留下了詳實記錄，這部臺灣樂府詩史，以另一種方式書寫臺灣的歷史。

爲達到「紀事徵實」的寫實效果，臺灣詩人在創作時，也和清末詩人一
樣，採用利於敘事論理的樂府、古詩詩體、聯章組詩，並且在詩作中附序、
加注，以求能清楚交代所敘述的時事；詩歌語言方面，也是常有「時語」、「新
詞」入詩，並具散文化、口語化的特色。這種創作上的特點，在施懿琳《清
代臺灣詩所反映的漢人社會》以及江寶釵《臺灣古典詩面面觀》文中都有提
及。〔註37〕

〔註36〕收入梁啓超：《飲冰室專集》之二十二附錄三〈遊臺灣書牘〉（北京：中華書
　　　　局，1994年9月一版二刷），頁200～203。
〔註37〕施懿琳《清代臺灣詩所反映的漢人社會》提到臺灣詩人透過『詩題、序文、夾

第三節　海東四子的詩觀

一、施士洁

施士洁〈二十初度，矔仙長兄招同劉拙菴、陳榕士兩司馬、楊西庚、朱樹吾兩明府、梁定甫拔卒、傅采若上舍、沈竹泉布衣□□穎軒禮東坡像，以洁與坡老同生日也。次日，□題蘇詩後，成八十韻〉詩云：

> 公生乙卯時，我生乙卯歲，十二月十九日，生日遙相對。……廿載
> 落人間，是否公夙契？月日與公同，時□與公□，彼此千載餘，夢
> 寐徒罄欷。……空慕眉山業，莫衍吳興派。讀史發狂癡，大名想附
> 驥。奉公一瓣香，公乎不我棄？他年白鶴峰，身或將公替。〔註38〕

施士洁因爲與蘇軾生日同日期，年辰又相應，因而有蘇軾再世的自況之意；他對蘇軾的欽仰之情，在他模仿蘇軾〈刑賞忠厚之至論〉一文的同題兩篇作品中表露無遺。他讚譽蘇軾文中所說的「罪疑惟輕，功疑惟重，疑則舉而歸之於仁」之論，是「以君子長者之道待天下」，真切掌握住「先王之所以刑賞者，固忠之至」的要旨，〔註39〕並感慨「世之用夷變夏，日即於被髮左袵之風，烏知所謂先王之道與『春秋』之義法？一旦出而治世，則刑賞倒置，忠厚即因之以亡，而烏得不爲蘇子所深惡而痛絕之也？」〔註40〕

在詩歌創作方面，施士洁也是以蘇東坡爲學習的對象，並且以「後蘇龕」爲題冠其各類著作。〔註41〕他在〈恕齋又題「後蘇龕詩草」，即和其韻〉之一中說自己：「命宮有例偏磨蝎，付與髯蘇夙世緣。」〔註42〕汪毅夫則認爲：「施士洁在詩歌創作中很能體現蘇詩自由奔放、以才學爲詩、思想上兼容並包等特點的追求和模仿。」〔註43〕

註、組詩』等方式，將具有高度形式化、講究平仄、對偶、格律的詩歌藝術與重現實、講理性的史事紀載，巧妙地結合起來。（臺北：國立臺灣師範大學國文研究所博士論文，1990 年），頁 614。江寶釵《臺灣古典詩面面觀》第五章：「臺灣古典詩由於反映著時與事，詩中多見敘事，篇幅往往長篇。而本類型的臺灣古典詩作，內容繫家國大事與個人身世，文化制度與社會人生，用語淺白，頗具新樂府的精神。」（臺北：巨流圖書公司，1999 年 12 月），頁 198。

〔註38〕施士洁：《後蘇龕合集》，頁 6。
〔註39〕施士洁：〈刑賞忠厚之至論〉（一），《後蘇龕合集》，頁 374。
〔註40〕施士洁：〈刑賞忠厚之至論〉（二），《後蘇龕合集》，頁 375。
〔註41〕黃典權：〈後蘇龕合集弁言〉，收入施士洁：《後蘇龕合集》，頁 1。
〔註42〕施士洁：《後蘇龕合集》，頁 209。
〔註43〕劉登翰等編：《臺灣文學史》（福州：海峽文藝出版社，1991 年 6 月），頁 254。

　　事實上，施士洁詩創作的學習對象眾多，不僅是蘇軾而已；他〈五文昌圖贊（集葩經句）〉〔註44〕一詩是集《詩經》詩句而成的四言古詩；他也曾言「濠濮契莊周」，〔註45〕而在〈和曾四青孺飛鶴曲韻〉詩中，一再化用《莊子‧逍遙遊》的文句，如：「六翮養成霄霓間，一枝笑彼鷦鷯宿」、「矰繳安能撓我志，稻粱豈足供我餐」、「高飛莫再到下方，燕雀寧知九州大」等；〔註46〕他有詩句如「義熙甲子匆匆甚，詩酒消磨栗里人」、「剩有鳴秋詩一集，紀年私署義熙民」二處提及「義熙」一詞，〔註47〕是他藉用陶淵明「入宋所作，但題甲子，意者恥事二姓」〔註48〕的典故來表達自己的心志，以抒發他「我恨翩翩當濁世，天教草草作勞人」的憤慨；〔註49〕他在清夜時「焚香讀杜詩」，〔註50〕又用杜甫〈秋興〉詩韻寫了八首七律組詩；〔註51〕他在〈抱琴圖為尺樓題〉、〈避地鷺門，骨肉離邊數月矣，歲暮始復團聚。舉家乘小輪船赴梅林澳，風逆浪惡，不得渡，晚宿吳堡，感事書懷〉〔註52〕等詩，一再運用「君不見……？又不見……？」句式，這是仿用李白〈將進酒〉的句子；他讚美說：「我聞孟東野，工詩窮欲死；然而白香山，境老詩愈美！為白固可娛，為孟亦不恥」；〔註53〕他一再引用韓愈〈毛穎傳〉文句入詩，〔註54〕而其〈「刺麟謠」寄答鸚塵鮀江〉雜言古詩，則是發揮韓愈〈獲麟解〉一文旨意的諷刺作品；〔註55〕他襲用元好問〈濟亭〉一詩的韻腳寫詩回覆詩友林惺園索題之要求；〔註56〕他也仿擬袁枚〈告存七絕句〉寫成〈陳遂園茂才患瘵十年，一

〔註44〕施士洁：《後蘇龕合集》，頁400。

〔註45〕施士洁：〈登紅毛樓和同年辛陔明府韻〉，《後蘇龕合集》，頁47。

〔註46〕施士洁：《後蘇龕合集》，頁10。

〔註47〕前者引自施士洁：〈（迂叟和詩）三疊前韻〉，後者引自〈感事，次墨卿韻〉，《後蘇龕合集》，頁261、頁301。

〔註48〕五臣注陶淵明：〈辛丑赴假還江陵〉，引自楊勇：〈陶淵明年譜彙定〉，收入楊勇：《陶淵明集校箋》（臺北：盤庚出版社，1979年2月），頁454。

〔註49〕施士洁：〈感事，次墨卿韻〉，《後蘇龕合集》，頁301。

〔註50〕施士洁：〈大武壠秋夕〉，《後蘇龕合集》，頁51。

〔註51〕施士洁：〈秋興，用杜韻寄和蟫窟〉，《後蘇龕合集》，頁286。

〔註52〕施士洁：《後蘇龕合集》，頁14、頁79。

〔註53〕施士洁：〈王友竹五十壽詩〉，《後蘇龕合集》，頁250。

〔註54〕如施士洁：〈新春試筆〉、〈感懷用前韻答辛陔〉，《後蘇龕合集》，頁44、頁50。

〔註55〕施士洁於詩末云：「且為文人祓不祥，朗誦昌黎『獲麟解』。」《後蘇龕合集》，頁218。

〔註56〕施士洁：〈惺園復以「藏拙齋」索題，即用元遺山「濟亭」韻〉，《後蘇龕合集》，頁11。

割而愈，因仿袁隨園「告存七絕句」，遍索同人和詩〉組詩七首；〔註57〕他讀
了吳偉業的《吳梅村集》後，淋漓抒發心中感慨而成十二首七絕，既爲詩人
嘆，也是自己「滄桑家國無窮恨」心聲的表達；〔註58〕他在閱讀清初與盛清
時期詩人作品之後，特別針對他們的「紅豆詩」寫了〈紅豆〉七律組詩六首。
〔註59〕

從上述所徵引的施士洁詩句來看，施士洁師益的對象非常廣泛，隨著他
閱歷的轉變，他由早年尊崇蘇東坡轉而注意到遺民詩人的作品，也接觸不少
清朝詩人的創作。他學習模仿對象的轉變，正是他創作觀念演變的一個大概
歷程。若依〈臺澎海東書院課選序〉一文所言來看，經書史傳注詩詞文賦等
莫不是施士洁涵泳學習的對象。

施士洁內渡大陸之後，經歷滄桑之變、流離之苦，他意識到以作品反映
時事的必要，〈梅樵詩集序〉文中他明白說到這種意見：

及睹滄桑變故……，每於登臨酬應之時，藉謳吟以洩其不平之氣，
千載後猶如見其人焉。〔註60〕

他又說自己親逢世變，唯有詩歌能發其侘傺不平慷慨憤懣之氣：

耐道人生當濁世，目擊桑田三淺，邑邑不自聊。偶一呻吟，而憤時
嫉俗、悲天憫人之概，吐躍於毫楮；又竊慮爲同輩所厭，然終莫能
善刀而藏。此耐道人之所以短而窮愁到老也。〔註61〕

所以，他改變以往逞才學炫詩技的作風，寫出像〈泉南新樂府〉〔註62〕
這樣深具詩史精神的作品來。魏潤菴〈南清遊覽紀錄〉也記述著：

瀛社各有志之徒，屢乞先生（按：指施士洁）玉稿，藉海上指南。
先生云：慨自滄桑變幻，老境顛連，雖有感歎遭時之作，第非昇平
昭代之音，不欲以示人也。〔註63〕

施士洁內渡後滯居閩南，曾和宗宋派同光體詩人多所接觸，他在〈題省
長張君常（元奇）詩集（時在福州民政公署）〉一詩中，一一提及同光派詩人，

〔註57〕施士洁：《後蘇龕合集》，頁272。
〔註58〕施士洁：〈「吳梅村集」題後〉，《後蘇龕合集》，頁276。
〔註59〕施士洁：《後蘇龕合集》，頁259。施士洁在詩句或注文中提到的有錢謙益、惠
　　　士奇、舒位、孫原湘等人。
〔註60〕收入施梅樵：《梅樵詩集》（臺北：龍文出版社，2001年6月），頁9。
〔註61〕施士洁：〈鄭香谷部郎偏遠堂吟草序〉，《後蘇龕合集》，頁371。
〔註62〕施士洁：《後蘇龕合集》，頁119～頁124。
〔註63〕《漢文臺灣日日新報》，明治44年2月15日。

甚是熟悉：

> 回首望燕闕，滄趣鬢今白（謂陳弢菴）。海藏既卜樓（謂鄭蘇龕），
> 石遺復膀室（謂陳叔伊）。

施士洁又於詩末注云：「鄭太夷有『海藏樓詩』，陳叔伊有『石遺室詩』，陳弢菴有『滄趣樓詩』。」〔註64〕他更在民國六年（1997）時，應閩省修志局之聘，與陳衍（叔伊）共事，也和沈瑜慶（濤園）、陳寶琛（弢菴）持續交往。〔註65〕施士洁詩集中沒有其他相關資料，可以判斷出施士洁是否有受同光派論詩主張的影響。若就師學對象來論，施士洁是轉益多師不限一格；但若就施士洁後期憤世嫉俗、謳吟滄桑、悲天憫人的樂府風格的創作來看，則與同光派有所不同。

二、許南英

我們可以從許南英的作品發現：許南英詩歌創作學習模仿的對象非常廣泛。許南英早期的創作常以古人為師，如〈擬唐人「自君之出矣」〉、〈采蓮曲〉，是學習漢朝樂府古風；〈閨怨〉、〈塞上曲〉、〈征婦詞〉〔註66〕等諸作，是學習唐代邊塞詩風格的作品；〈暮雨〉〔註67〕則顯出王維、孟浩然山水田園派的悠遠恬淡氣氛；〈四時宮怨〉〔註68〕是唐宋段成式、王昌齡、張籍、李商隱、王安石、司馬光、陸游、鄭所南等詩人七言絕句的集句詩；他也有集陶淵明〈歸去來辭〉字而成的五律一首，〔註69〕以及〈擬歸去來辭〉七絕一首；〔註70〕而在出宰徐陽任上，他「別賃東偏道觀為兒輩讀書舍，以石搨蘇文忠遺像懸於齋中」，並於「簿書之暇，集公句，得詩三首，敬題公像」，既表欽仰之意，「亦自任取不傷廉也」；〔註71〕在登上番禺妙高臺時，許南英用八百多年前蘇軾登臨此臺時所賦寫的〈妙高臺〉一詩之韻，寫了同題詩作七絕一首；〔註72〕

〔註64〕 施士洁：《後蘇龕合集》，頁222。
〔註65〕 施士洁寫於民國八年的作品〈次楊薈園孝廉韻〉中云：「濤園已死弢菴別，回首黃爐祇眼前。」由此看來，他應和他們保持往來。《後蘇龕合集》，頁303。
〔註66〕 許南英：《窺園留草》，頁2、頁17、頁61、頁17。
〔註67〕 許南英：《窺園留草》，頁12。
〔註68〕 許南英：《窺園留草》，頁9。
〔註69〕 許南英：〈南社小集，集歸去來辭字成五律一首〉，《窺園留草》，頁9。
〔註70〕 《臺灣日日新報》，大正元年12月14日。
〔註71〕 許南英：《窺園留草》，頁58。
〔註72〕 許南英：《窺園留草》，頁53。

而〈寄題邱倉海工部澹定村心太平草廬〉一詩，在詩題下注文明白標明「用東坡『書王晉卿煙江疊嶂圖』原韻」；〔註73〕深愛梅花的許南英在讀了宋人張澤民的〈梅花詩〉之後，禁不住技癢，作了〈讀宋人張澤民梅花詩，戲次其韻〉組詩兩首。〔註74〕以上是許南英明白標出效仿古人的作品。

　　許南英另有其他效法古人的作品，或是脫胎、或是換骨，他雖未明言，但有些是大家熟悉的詩人的名句，讀者很容易就看出他是學習那一位前人，例如：〈再登方飯亭拜文山先生遺像〉〔註75〕一詩，是掇移轉化自文天祥〈正氣歌〉的文句而成的作品；〈遊岡山超峰寺〉：「眾鳥高飛盡，孤雲獨去閒」〔註76〕，是化用李白〈獨坐敬亭山〉的句子；〈送王泳翔屏山訪友〉：「好是巴山雨，添君夜話濃」〔註77〕，是化用李商隱〈巴山夜雨〉詩句；〈太真〉〔註78〕三首組詩，則是以反諷手法轉寫白居易〈長恨歌〉的作品；在菽莊宴席上題贈日本駒榮女史的〈駒榮曲〉，〔註79〕明顯的有白居易〈瑟琶行〉的影子；〈和林少眉見贈原韻〉第五疊「菽莊親友如相問，為道稽康學養生」，〔註80〕是化用王昌齡〈芙蓉樓送辛漸〉「洛陽親友如相問，一片冰心在玉壺」；而〈海漫漫〉、〈擬小遊仙〉〔註81〕則是套用前人舊題卻翻轉寫出新意的樂府詩。〔註82〕從這些例子，我們可以看出許南英詩創作學習的對象頗為廣泛。

　　另外，許南英透過閱讀方志，對臺灣史事知之甚詳，例如：「軸覆樞翻明鼎革，慨然我獨為其難」的鄭成功來到臺灣，「一鼓荷蘭戰則克，寓兵於農教稼穡」，開闢臺灣、建設臺灣，許南英因此稱鄭成功為「開臺初祖」。〔註83〕再如：他認為明寧靖王從死的五位妃子的作為是「完節」的表現，對於沈保楨為後世樹立

〔註73〕許南英：《窺園留草》，頁 80。

〔註74〕許南英：《窺園留草》，頁 141。

〔註75〕許南英：《窺園留草》，頁 56。

〔註76〕許南英：《窺園留草》，頁 208。

〔註77〕許南英：《窺園留草》，頁 26。

〔註78〕許南英：《窺園留草》，頁 20。

〔註79〕許南英：《窺園留草》，頁 171。

〔註80〕許南英：《窺園留草》，頁 173。

〔註81〕許南英：《窺園留草》，頁 22、頁 126。

〔註82〕有關許南英效仿模擬或化用轉寫古人作品的分析，見筆者碩士論文《許南英及其詩詞研究》第七章第三節。（臺北：私立中國文化大學中國文學研究所碩士論文，1999 年）

〔註83〕許南英〈閒散石虎墓〉：「臺灣自鼎革而還，鄭氏開荒為初祖。」《窺園留草》，頁 14。

典範，上書奏請將五妃列入延平郡王祠共祀一事，亦感到欣慰：「蘋蘩合附孤忠薦，碑碣猶留十字香」。〔註84〕至於「好佛自作蝶園主」的李正青，考志乘並無其名，「頭銜獨以閑散取」的閑散石虎墳主人，他們避難來到臺灣，選擇隱居生活度完餘生，雖然沒有建立如濟時賢所做的貢獻成就，但是他們身處亂世仍能潔身自好，許南英也認為他們的行誼會傳香千古。〔註85〕

　　許南英在〈閑散石虎墓〉〔註86〕一詩中，列數了明鄭、清初流寓臺灣的濟時賢：王忠孝、辜朝薦、盧若騰、沈佺期、沈光文、張士榔、張灝、張瀛、郁永河、俞荔共十人，說他們「刺桐花下詩壇聚」，為臺灣早期文學奠定了基礎，表露出他對前賢的欽仰之情。許南英在〈五妃墓〉之二「淒絕萬千新故鬼，月殘聽唱九池詩」句下注云：「范九池有五妃墓道七絕數首，勒石於南門外。」〔註87〕范九池即范咸，乾隆十年（1745）任巡視臺灣監察御史理學政，其〈五妃墓〉共五首，其四云：「田妃金鴛留遺穴，何似貞魂聚更奇？三百年中數忠節，五人個個是男兒。」〔註88〕從許南英的注文來見，許南英對臺灣前輩詩人的作品也甚是熟悉。

　　許南英早期詩作留下的並不多，但是上述這些例子證明：許南英對於臺灣史事以及流寓臺灣的先賢都很了解，先賢們的忠烈行為不僅影響了他的人生觀，也是他創作內容的重要題材。〔註89〕

　　許南英對清朝詩人的作品也是多所學習，例如〈秋柳〉這一組詩詩題下直接標明「用漁洋山人原韻」，〔註90〕漁洋山人即是王士禛，是清初尊唐派中領袖騷壇的重要詩人，他接受嚴羽論詩的理論，創為神韻一派，以詩的神情韻味為詩的最高境界，最愛古澹自然清新蘊藉的情調，為實踐這種理論，他

〔註84〕　許南英：《窺園留草》，頁13。
〔註85〕　許南英〈夢蝶園懷李茂春先生〉：「二百餘年香火地，孤松蒼鬱有栖鴉。」〈閑散石虎墓〉：「短歌當虎墓誌銘，鳴呼石虎足千古。」《窺園留草》，頁14、頁15。
〔註86〕　許南英：《窺園留草》，頁14。
〔註87〕　許南英：《窺園留草》，頁13。
〔註88〕　收入謝金鑾：《續修臺灣縣志》（臺北：臺灣銀行經濟研究室，1962年6月），頁577。
〔註89〕　許南英以臺灣史事、臺灣先賢入詩的作品有〈五妃墓〉、〈閑散石虎墓〉、〈夢蝶園懷李茂春先生〉、〈秋日謁延平郡王祠〉、〈二十五日為五妃殉節日，同雲石祭奠，成詩二首〉；另有詞作二：〈謁延平郡王祠〉、〈謁平妃廟〉。
〔註90〕　許南英：《窺園留草》，頁5。

以王維、孟浩然的作品作爲學詩的範本。〔註91〕許南英早期的效仿作品典多滯重；不過也有不少清新蘊藉、神韻悠遠的作品，與王維、孟浩然的風格相同，如〈過二重溪〉、〈吳淞夜泊〉、〈暮雨〉〔註92〕等。

　　許南英又有〈己酉除夕〉、〈庚戌元旦〉兩首詩，詩序中說到創作的原由：「讀《尤西堂全集》，有〈己酉除夕〉、〈庚戌元旦〉兩首。予任三水，適值己酉、庚戌；初春無事，即用原韻，援筆偶成，聊消閒耳，詩云乎哉？」〔註93〕尤侗（1618～1704），號西堂老人，詩作多寫生活瑣事；徐世昌《晚晴簃詩匯》稱「其詩上者爲白傅之諷諭、閒適，次之誠齋之道院、朝天。」〔註94〕黃遵憲則認爲尤侗的「西涯樂府甚偉，實詩界之異境」。〔註95〕許南英〈己酉除夕〉一詩寫歲暮心情、家庭瑣事，〈庚戌元旦〉一詩則憂國慨時、諭諷託寄，有新樂府之風，明白顯示出他學習尤侗詩作的特色。

　　許贊堃〈窺園先生詩傳〉說許南英「生平景仰蘇、黃，且用『山谷』二字字他底四子」，〔註96〕但是，從上面的分析，我們可以看出許南英師法學習的對象非常廣泛，並不局限於某一個詩人大家或某一種詩學理論、創作方法，他在多方學習之後，融合揉雜而成自己的創作理念及技巧，作品中呈現出自己獨有的個性及面貌。許南英〈談詩〉一詩，清楚表達了他「學古而不泥於古」的創作觀念：

　　　　風雅何人守一經？懸河巨口信縱橫。

　　　　五千年上無詩學，三百篇中有正聲。

　　　　樂府漢唐編古體，騷壇李杜占詩名。

　　　　興觀群怨皆天籟，託興隨人籟自鳴。〔註97〕

　　因爲許南英認爲詩是「性靈語」、「歌詠緣情自不凡」，〔註98〕詩創作既是

〔註91〕劉大杰：《中國文學發展史》，頁1022。

〔註92〕許南英：《窺園留草》，頁17、頁23、頁12。

〔註93〕許南英：《窺園留草》，頁87。丘逢甲〈再柬蟄仙〉：「老親健飯眞奇福（尤西堂句），差幸平生此事同。」可見丘逢甲亦閱讀尤侗著作。

〔註94〕見李曰剛：《中國詩歌流變史》，頁723。

〔註95〕轉引自吳天任：《黃公度先生傳稿》，頁383。

〔註96〕許南英：《窺園留草》，頁246。

〔註97〕許南英：《窺園留草》，頁116。

〔註98〕許南英〈題螺山先生詩集〉：「我生在海島，樸野不知詩；偶得性靈語，時或一爲之。」〈留別南社同人〉：「去來乘興毋相強，歌詠緣情自不凡。」《窺園留草》，頁97、頁132。

個人心志的表達，也是個人個性的呈現，在向古人學習作詩之法後，還要能擺脫古人影子，發展出自我的個性。他在〈鑒詩〉一詩提出他的創作觀：

> 爭韻無妨險，成功獨賞奇。若逢唐李杜，我願作偏裨。〔註99〕

願作唐李杜的偏裨，是許南英成為詩界一員的宣言，在學習詩界大家李白杜甫的同時，也要是能獨當一面的小將，有自己的風格。施士洁說：「今序其詩，允白之眞面目見，允白之詩亦見，此允白之詩之所以傳也。」〔註100〕汪春源說：「君詩不事塗飾，栩栩然自鏡其元象。」〔註101〕都可以證明許南英詩作展現出自我個性的特色。許南英創作是抱著「胸之所寓，筆之於詩」的態度，〔註102〕他的作品不僅抒發了他個人的心志、個性，也將他所見、所聞、所感的時代映現在他的作品中，這是身為知識分子對時代深切關懷的情感的呈現。汪春源說：

> 回念數十年，陵谷滄桑，陸沈天醉，死生聚散於泯棼雜亂中者，君詩歷歷在心目焉。〔註103〕

黃典權說：

> 「留草」和「窺園詞」本身，是一個臺灣名進士家破國危幽思淒切的心聲，交織著很多地方掌故以及當時文人風雅際會的紀錄，所以「留草」的文獻價值，好像比同時代的一些詩文集更高得多。〔註104〕

他們都明白指出許南英的創作與時代的緊密關係。〔註105〕另外，許南英有詩云：「滿城一句留千古，語可驚人不在多」、〔註106〕「詩臻好處原天籟，不必詞華格調新」、〔註107〕「詩能不俗便稱奇」，〔註108〕這些詩句雖然只是吉光片語，但從中可以窺得許南英對詩創作技巧的看法。

〔註99〕 許南英：《窺園留草》，頁116。
〔註100〕施士洁：〈窺園留草序〉，收入許南英：《窺園留草》，頁2。
〔註101〕汪春源：〈窺園留草序〉，收入許南英：《窺園留草》，頁3。
〔註102〕汪春源：〈窺園留草序〉。
〔註103〕汪春源：〈窺園留草序〉。
〔註104〕黃典權：〈窺園留草後記〉，收入許南英：《窺園留草》，頁249。
〔註105〕趙沛霖：〈清末臺灣愛國詩人——許南英〉也認為許南英作品「具有鮮明的時代性和現實性」。收入周俟松杜汝淼編：《許地山研究集》（南京：南京大學出版社，1985年），頁22。
〔註106〕許南英：〈再和徐展雲先生重登石門嶺原韻〉，《窺園留草》，頁63。
〔註107〕許南英：〈題繡英閣女士詩卷〉，《窺園留草》，頁98。
〔註108〕許南英：〈和郭士梯感懷原韻〉，《窺園留草》，頁14。

三、丘逢甲

丘逢甲留下比較多有關詩歌創作觀念的資料，也有不少學者對他的詩觀作過研究，〔註109〕所得結果大多類同。筆者在此以丘逢甲的詩作、書信等作品中有關詩創作觀念爲研究主體，並參考前輩研究所得，對丘逢甲詩觀再做一次探討。

丘逢甲對詩學的學習也是抱持著開放的態度轉益多師。從早期開始，他即廣泛的學習唐朝詩風、效仿嶺南詩人作品，〔註110〕也曾用清詩人厲鶚《樊榭山房集》中詩韻寫成〈人日過筱雲山莊用樊榭之春後一日集瓶花齋韻〉、〈三月五日小園偶成用樊榭山房韻〉二詩。〔註111〕他在〈早春園花次第開，各賞以詩〉十六首中提及張湄（鷺洲）詩，可見他曾接觸臺灣流寓詩人的著作；他又有「恨無四夢傳奇華，題作臨川玉茗堂」之句，可見他的閱讀領域並不局限於詩歌著作。〔註112〕

丘逢甲作品中有樂府古題的仿作，如〈古別離行，送頌臣〉、〈重送頌臣〉；仿擬唐代詩人的有：〈早春有懷蘭史，用高常侍人日寄杜拾遺韻〉、〈秋懷〉、〈秋懷（次覃孝方韻）〉八首組詩共九組、〈秋興（次張六士韻）〉、〈擬杜諸將五首用原韻〉，〔註113〕他又說：

> 于時我正從韓公，捕逐八荒兩翅疾。

〔註109〕黃志萍、徐博東：〈試析丘逢甲詩歌的藝術特色及其詩歌理論〉，收入《臺灣研究集刊》，1987年，第一期。又有楊宏海：〈評丘逢甲的詩論〉及吳錦潤〈劍膽琴心流千古〉，黃展人、徐位發：〈丘逢甲詩歌的民族精神和藝術風格〉，皆收入吳宏聰、李鴻生編：《丘逢甲研究》（臺北：世界河南堂丘氏文獻社，1998年12月）。張鳳蘭：《丘逢甲之詩學研究》（臺北：里仁書局，1998年3月）。

〔註110〕連橫〈詩薈餘墨〉：「梁鈍庵先生博通經史，旁及百家，行年四十，未敢作詩。一日，見邱仙根大甲溪，嫌其模倣南山（張維屛），構思匝月，成一巨制。」收入《雅堂文集》（臺北：臺灣銀行，1964年12月），頁267。丘逢甲表兄陳萬青（選初）嘗箋註宋湘《紅杏山房詩》，收入見黃典權：《重修臺灣省通志·人物傳篇》（南投：臺灣省文獻委員會，1998年6月），頁446。呂汝修亦有〈讀芷灣先生詩集題後〉之作，收入呂汝玉等著：《海東三鳳集》（臺北：臺灣史蹟研究會，1981年6月），頁128。陳選初、呂汝修是丘逢甲早年詩友，常一起切磋詩藝，由上述資料來看，他們當時曾閱讀過嶺南詩人的著作。

〔註111〕丘逢甲：《柏莊詩草》，收入《丘逢甲遺作》（臺北：世界河南堂丘氏文獻社，1998年12月），頁2、頁49。

〔註112〕丘逢甲：《柏莊詩草》，頁6、頁4。

〔註113〕丘逢甲：《嶺雲海日樓詩鈔》，頁24、頁25、頁129、頁78、頁196～頁202、頁250～頁252、頁234、頁232。

　　乾坤雷琅擺光燄，青蓮樂府少陵律。

　　時虞仙官勒六丁，白日青天起霹靂。

　　島瘦郊寒混籍走，落落人才困馳驟。〔註114〕

可見他學習唐詩風格並不局限於某一流派，尤其，內渡後，他刻意學杜，使得內渡後的詩作更臻成熟，更顯得沈雄、闊大。〔註115〕彭國棟認爲：「仙根之詩，沈鬱悲壯，其激越處直可擬工部秋興，蓋得唐人神髓。」〔註116〕李日剛則認爲丘逢甲學杜，「與一般擬古主義者單純從形式上著眼不同，其學杜，主要由於杜詩表現深厚愛國之情」。〔註117〕宋代詩人方面，丘逢甲曾自比陸游：「吾生似放翁，築堂思山陬。」又說：「吾生于放翁，所遭百不同。同者惟此心，天或哀吾窮。」〔註118〕錢仲聯《夢苕庵詩話》：

　　《嶺雲海日樓詩》，沈雄頓挫，悲壯蒼涼，感懷舊事，傷心時變，激
　　昂不平之氣，真切流露，似陸劍南、似元遺山。〔註119〕

王松說：

　　集名「蟄庵存稿」，皆乙未以後所作；正如子美入秦、劍南入蜀，感
　　喟蒼涼，當不在古人以下也。〔註120〕

黃志萍、徐博東則以爲：

　　丘詩受陸詩的影響主要還不在清麗婉卓，而在雄直豪放，尤其歌行
　　體的風格，更爲相近。〔註121〕

　　他們三人皆指出丘逢甲詩創作受到陸游的影響。另外，清詩壇上，蘇軾的詩歌備受推崇，文人士子的詩歌創作不同程度地受了蘇軾詩風的影響；丘逢甲就有用蘇詩原韻寫就五言古詩：〈絜齋世丈以西園述懷集蘇六十韻詩見示，爲賦五古四章〉；〔註122〕他又有效仿梅堯臣、蘇軾的同題樂府〈禽言〉之作六首〔註123〕。

〔註114〕丘逢甲：〈東山謁韓祠畢，得子華長句，次韻寄答〉，《嶺雲海日樓詩鈔》，頁 167。
〔註115〕黃志萍、徐博東：〈試析丘逢甲詩歌的藝術特色及其詩歌理論〉，頁 74。
〔註116〕彭國棟：《廣臺灣詩乘》，頁 143。
〔註117〕李日剛：《中國詩歌流變史》，頁 909。
〔註118〕前引詩出自〈神龜祠〉，後引詩出自〈以攝影心太平草廬圖移寫紙本〉，《嶺雲
　　　　海日樓詩鈔》，頁 116、頁 244。
〔註119〕轉引自嚴明：《清代廣東詩歌研究》（臺北：文津出版社，1991 年 8 月），頁 51。
〔註120〕王松：《臺陽詩話》（南投：臺灣省文獻委員會，1994 年 5 月），頁 52。
〔註121〕黃志萍、徐博東：〈試析丘逢甲詩歌的藝術特色及其詩歌理論〉，頁 74。
〔註122〕丘逢甲：《嶺雲海日樓詩鈔》，頁 347。
〔註123〕丘逢甲：《嶺雲海日樓詩鈔》，頁 211。宋梅堯臣有〈禽言〉四首，東坡仿其

　　接著，要探討丘逢甲與嶺南詩人的關係。嶺南詩派肇自張九齡、韓愈、蘇東坡，他們流寓到廣東，其流風餘韻影響嶺南甚鉅。清乾嘉之間，則有宋湘、張維屏、黃培芳等爲其中代表。〔註124〕黃遵憲〈梅水詩傳序〉提及丘逢甲曾廣搜嶺南詩人作品，並且費心重新加以編訂：

　　　（嘉應）里人張榕軒觀察，少讀書，喜爲詩，鈔存先輩詩甚富。近
　　　出其稿，託仙根明經廣搜集，重加編訂。余受而讀之，中如芷灣、
　　　繡子兩太史，固卓然名家，其他亦雅馴可誦。〔註125〕

　　丘逢甲在〈題王曉滄廣文鷦鴣村人詩稿〉則明白宣告他學習嶺南詩家雄直風格的決心：

　　　嶺南論流派，獨得古雄直。混茫接元氣，造化入鐫刻。百年古梅州，
　　　生才況雄特。宋公（芷灣先生）執牛耳，光燄不可逼。堂堂黃（香
　　　鐵先生）與李（繡子先生），亦各具神力。我欲往從之，自媿僵籍湜。
　　　〔註126〕

　　宋湘，號芷灣，著有《紅杏山房集》。宋湘前期詩作沈鬱頓挫，直逼少陵營壘，後期正逢社會大動蕩的經歷，使他寫出了許多具有『詩史』意義的紀實詩篇，記錄了時代的風雲變幻，也記錄了當時社會的千瘡百孔。他的詩作表現出對百姓疾苦的深切同情，也表現出對吏治積弊的深惡痛絕。宋湘論詩主張：一空依傍，直抒胸臆，認爲拘泥於古人按拍循腔必無大出息，需力求突破；又主張向民歌學習充實的內容和眞摯的情感；三則認爲陽剛豪邁的詩風之價值超過陰柔之美的詩風。宋湘的詩論觀點和詩歌創作對丘逢甲產生了明顯的影響，也是黃遵憲所倡導的詩界革命運動之先驅。〔註127〕

　　丘逢甲還提到另外一位嶺南詩人黃香鐵，他在〈讀白華草堂集〉詩中說：

　　　嘉道以還論粵派，譚張之外此名家。瓣香故里尊紅杏，養志高堂譜
　　　白華。七字鼓旗雄後勁，一官韜鐸老天涯。尋秋曾過詩人墓，重檢

　　　作〈五禽言〉，敍云：「梅聖俞嘗作四禽言，余謫黃州，寓居定惠院，遶舍皆
　　　茂林，荒池蒲葦，春夏之交，鳴鳥百族，土人多以其聲之似者名之，遂用聖
　　　俞體作五禽言」。見蘇軾：《蘇東坡全集》（臺北：河洛圖書出版社，1975 年 9
　　　月），頁 173。
〔註124〕李曰剛：《中國詩歌流變史》，頁 893。
〔註125〕收入張鴻南輯：《梅水詩傳》（臺北：嘉應同鄉會印，1976 年 7 月），頁 1。
〔註126〕丘逢甲：《嶺雲海日樓詩鈔》，頁 70。
〔註127〕嚴明：《清代廣東詩歌研究》（臺北：文津出版社，1991 年 8 月），頁 35～頁 39。

殘篇發浩嗟。〔註128〕

　　著有《白華草堂集》的黃釗（香鐵），是丘逢甲多次提及、與宋湘並舉的另一位嶺南詩人。他稱讚黃釗之「詩學甚正甚精甚大」，〔註129〕因此他曾在「今斥爲酒家」的黃氏故宅「追話遺事」不勝感喟，並寫下六首絕句弔酹先賢。〔註130〕

　　丘逢甲提及的嶺南詩人又有張維屏及黃培芳。〔註131〕張維屏秉抱仁愛理想入仕，後因官場腐敗歸隱，他在鴉片戰爭爆發後，寫作〈三元里〉、〈三將軍歌〉二首長篇敘事詩，以抒憤懣。這兩首詩作不僅題材重大，而且敘事與抒情、議論緊密結合，是感染力強勁的出色作品。丘逢甲早年曾學習張維屏格調清新的寫景作品，目睹滄桑之後，則喜愛張氏氣勢磅礴、具詩史價值的敘事長詩。黃培芳，字香石，著有《嶺海樓詩文鈔》，曾六上羅浮山，築粵岳祠於絕頂。其論詩主眞情、貴獨造。〔註132〕

　　自從乙未內渡後，「十萬義師齊放仗，天涯流落征南將。將壇已廢詩壇存，四海才人遠相訪」，〔註133〕政治仕途不如意的丘逢甲，轉而在詩創作上下工功，再加上生活閱歷的磨鍊、人間冷暖的體悟，他在創作內容、創作技巧等各方面有了極大的開展及突破。尤其值得注意的，是他延續、深化早期對各種詩風的學習傳承，入粵之後更是大量閱讀吸收嶺南詩人著作，並且常常登臨古蹟勝地，在弔緬感懷之際對先人前輩的人格風範有更爲深刻的感受，因此，他詩作的風格與氣勢也更爲「雄直」。

　　黃遵憲是近代嶺南派大家，詩多紀時事，且多引用新名詞，作品深具鮮明的時代色彩，實屬一時代中能開新風氣的作者。丘逢甲和他是好友，在光緒二十五年（1899）寄給丘菽園的信中說：「（公度）其人才氣開展，辦事極有條理，爲近時開新中不可多得之人。弟與交在十年以前，去年過潮未見，

〔註128〕丘逢甲：《嶺雲海日樓詩鈔》，頁 4。

〔註129〕丘逢甲：〈家筠岩太守晉昕《九十九峰草堂詩集》序〉，收入丘晨波、黃志萍等編：《丘逢甲文集》（廣東：花城出版社，1994 年 6 月），頁 306。

〔註130〕丘逢甲：〈黃香鐵先生故宅有樓翼然，今斥爲酒家矣，與客飲此，追話遺事，感賦六絕句〉，《嶺雲海日樓詩鈔》，頁 69。

〔註131〕丘逢甲〈說劍堂集題詞，爲獨立山人作〉：「只今耆舊無張（南山先生）黃（香石先生），中原旄鼓誰能強？粵詩獨得古雄直，賴此巨刃摩天揚。」《嶺雲海日樓詩鈔》，頁 74。

〔註132〕嚴明：《清代廣東詩歌研究》，頁 40。

〔註133〕丘逢甲：〈梅農贈詩，推奉過常，長句答之〉，《嶺雲海日樓詩鈔》，頁 349。

近頻有書來往。」〔註 134〕他們同樣關切政事國勢，在創作上有頗多類似點，丘逢甲提出的詩論並不全面，不少學者在研究丘詩時，常舉黃遵憲的詩創作理論並論。

丘逢甲對詩歌創作本抱著「吾之詩非詩，乃吾之醇酒婦人也，借而遣興而已」〔註 135〕的想法，也一再表明「丈夫不作神仙亦當作豪傑，莫但留名萬古將詩傳」〔註 136〕的態度；但是內渡之後，「本不願做詩人，然今則竟不能不姑作詩人」，〔註 137〕在不得不爲詩人的情況下，丘逢甲將「念天生才心，濟世乃爲貴」、「讀書貴用世，寧止求詩名」的精神發揮在詩創作上，〔註 138〕強調詩歌的社會功能及價值：「請將風雅傳忠義，斑管重回故國春」；〔註 139〕而身遭亂世的憂心與憤慨也就藉著詩歌傾洩而發了：「中年親故尤傷別，亂世文章易寫愁」、〔註 140〕「風雅都從變後奇，古來詞客慣哀時。可憐倒海傾河淚，獨立蒼茫但詠詩」。〔註 141〕但是，他更希望爲「大禽大獸今何世？目極全球戰正酣」的時代留下血淚見證，讓「四海都知有蟄庵，重開詩史作雄談」。〔註 142〕

丘逢甲主張詩人創作時要秉持「眞」的態度，他在給丘菽園的信中說：

> 尊論謂詩貴清、貴曲，弟再參一語，曰貴眞。自三百篇以至本朝詩，其可傳者，無論家數大小，皆有眞氣者也。

如此，自能達到「詩之眞者，詩中有人在焉」的境界，〔註 143〕也才能在

〔註 134〕丘逢甲：〈致丘菽園信〉第四封，收入丘晨波、黃志萍等編：《丘逢甲文集》，頁 266。

〔註 135〕丘逢甲：〈致丘菽園信〉第三封，收入丘晨波、黃志萍等編：《丘逢甲文集》，頁 264。

〔註 136〕丘逢甲：〈枚伯以長句題羅浮游草，次韻答之〉，《嶺雲海日樓詩鈔》，頁 276。

〔註 137〕丘逢甲：〈致丘菽園信〉第四封，收入《丘逢甲文集》，頁 267。他在〈人境廬詩草跋〉亦表明這種不得不爲詩人的無奈：「爲哥倫布，偉矣！足以豪矣！而究非作者所自安；第此世界，能爲加富爾、爲倮斯麥，乃竟僅使爲詩世界之加富爾、倮斯麥。世界之國，惟詩國最足以消人雄心，磨人壯志，令人自歌自哭、自狂自聖，此而需加富爾、倮斯麥胡爲者？乃竟若迫之不能不僅爲加富爾、倮斯麥于詩國，天耶？人耶？——既念作者，行自悼耳。」收入《丘逢甲文集》，頁 316。

〔註 138〕丘逢甲：〈絜齋世丈以西園述懷集蘇六十韻詩見示，爲賦五古四章〉，《嶺雲海日樓詩鈔》，頁 347。

〔註 139〕丘逢甲：〈題滄海遺民臺陽詩話〉，《嶺雲海日樓詩鈔》，頁 193。

〔註 140〕丘逢甲：〈次蘭史席上韻送北上〉，《嶺雲海日樓詩鈔》，頁 241。

〔註 141〕丘逢甲：〈重晤梁輯五光祿話舊〉，《嶺雲海日樓詩鈔》，頁 155。

〔註 142〕丘逢甲：〈論詩次鐵廬韻〉，《嶺雲海日樓詩鈔》，頁 178。

〔註 143〕丘逢甲：〈致丘菽園信〉第四封，收入丘晨波、黃志萍等編：《丘逢甲文集》，

作品中呈現出詩人及時代的映影，作品就明顯具有時代色彩，深富詩史精神。丘逢甲〈黃公度《人境廬詩草》跋〉文中說：

> 茫茫詩海，手闢新洲，此詩世界之哥倫布也。變舊詩國爲新詩國，慘淡經營，不酬其志不已，是爲詩人中加富爾；合眾舊詩國爲一大新詩國，縱橫捭闔，卒告成功，是爲詩人中俾斯麥。〔註144〕

他主張詩人要能寫出時代新音，變舊詩國爲新詩國，要能爲自己所處的時代留下證言。他在〈論詩次鐵廬韻〉說：

> 元音從古本天生，何事時流務競爭？
> 詩世界中幾雄國？惜無人起與連衡。
> 邇來詩界唱革命，誰果獨尊吾未逢。
> 流盡元黃筆頭血，茫茫詞海戰群龍。
> 北派南宗各自誇，可能流響脫淫哇。
> 詩中果有真王在，四海何妨共一家。〔註145〕

丘逢甲在這裡一再傳達想在詩世界中自成一家的企圖，〔註146〕這和他主張「在詩言詩，則已不妨前有古人，而我自爲大宗；后有來者，而我自爲初祖矣」，〔註147〕以及想在詩界爭自主權、開創新局的想法是一貫的：

> 直開古人不到境，筆刀橫絕東西球。
> 山人之才無不可，但博詩名計何左？
> 豈知即詩亦難及，騰躍百家中有我。〔註148〕

> 我是渡海尋詩人，行吟欲遍南天春。
> 完全主權不曾失，詩世界裡先維新。〔註149〕

致於在詩歌的實際創作過程中，丘逢甲認爲應該掌握住以下的原則：

頁 267。丘逢甲〈廬山謠答劉生芷庭〉亦云：「惟山如詩貴真面，得其真者名乃歸。」《嶺雲海日樓詩鈔》，頁 23。

〔註144〕收入《丘逢甲文集》，頁 316。

〔註145〕丘逢甲：〈論詩次鐵廬韻〉，《嶺雲海日樓詩鈔》，頁 178。

〔註146〕楊宏海〈評丘逢甲的詩論〉說：「在丘逢甲看來，詩人既不可貌古人而襲之，畏古人而拘之，同樣也不可貌今人而襲之，畏今人而拘之。」收入吳宏聰、李鴻生編：《丘逢甲研究》（臺北：世界河南堂丘氏文獻社，1998 年 12 月），頁 330。這即是丘逢甲要自成一家的主張。

〔註147〕丘逢甲：〈人境廬詩草跋〉，同注 144，頁 316。

〔註148〕丘逢甲：〈說劍堂集題詞，爲獨立山人作〉，《嶺雲海日樓詩鈔》，頁 74。

〔註149〕丘逢甲：〈海中觀日出歌，由汕頭抵香港作〉，《嶺雲海日樓詩鈔》，頁 355。

> 詩有定法亦無定法；有定體亦無定體，視學爲轉移而已。揮斥八極，
>
> 縱橫萬古，才矣，不範以學則獷。不學而好爲新語，自詫性靈，其
>
> 爲詩也則俗；曰獷不獷，曰俗不俗者，其在學乎！

學詩要遵從定法、不離規矩，但更要能夠從其中神明變化而出，不爲詩法拘泥困死。而想要做到從法又能出於法，丘逢甲肯定首要工夫在於「學」：

> 詩而不學，謂之無詩可也；言詩不言學，謂之不知詩可也〔註150〕

他又說：

> 治詩如治民，剛柔合乃美。出入法律中，法律爲我使。
>
> 澄觀萬物情，粉碎虛空理。才大心益小，意活筆不死。〔註151〕

第四節　海東四子的新樂府

自《詩經》開始，文學的現實主義精神已在創作中充分表現，到了漢朝，詩人受儒家詩教思想影響，產生針對時代發出反響與諷刺的漢代樂府及古詩。這些作品與現實社會緊密結合，流露出作者對廣大民眾的感情，這種「梗概而多氣」的創作精神，正是後世所稱美的「建安風骨」。唐初，陳子昂推崇建安風骨，詩歌的現實主義精神在唐代再次活躍起來，尤其到了中晚唐時期由於朝政不綱，社會紛亂，杜甫即事命題的詩篇以及白居易、元稹的新樂府運動因應產生，現實主義詩歌的創作更上一層，詩歌的內容與藝術技巧都發揮到極致。

杜甫的作品中眞實而廣泛地反映當時的社會，也流露出他對國家時局、民生疾苦的關懷，由於這種現實精神的藝術特色與仁民愛物的情感表現，杜甫建立其「詩史」、「詩聖」的地位。晚唐的白居易、元稹提出「文章合爲時而著，歌詩合爲事而作」〔註152〕的創作主張，效仿杜甫即事立題的創作方式書寫時代、反應時代，以達到他們「救濟民病，裨補時闕」〔註153〕目的的追求；這和過去詩人採用樂府舊題、模擬原題舊意的創作是很大不同的。自此之後，這種即事立題的新樂府創作，常常在政治敗壞、社會紛亂、民不聊生

〔註150〕丘逢甲：〈家筠岩太守晉昕《九十九峰草堂詩集》序〉，收入丘晨波、黃志萍、
　　　　 李尚行等編：《丘逢甲文集》（廣東：花城出版社，1994 年 6 月），頁 360。
〔註151〕丘逢甲：〈題裴伯謙大令睍聞詩鈔〉，《嶺雲海日樓詩鈔》，頁 345。
〔註152〕白居易：〈與元九書〉，收入《白居易集》卷 45（臺北：漢京文化事業有限公
　　　　 司，2004 年 3 月），頁 962。
〔註153〕白居易：〈與元九書〉。

的時候大量出現，以求發揮美刺諷諭的作用。

　　自唐孟棨以「詩史」指稱杜甫及其詩作，「詩史」一詞的意涵，歷代文士一再探索思考，現代學者也多所討論，對「詩史」意涵的共同的看法是：創作的態度，基於儒家仁愛之心，出以春秋褒貶之意；創作的內容，緊扣作者生存之時代社會；創作的方法，以紀事寫實爲主；雖有創作上的特徵，但最重要的是其中所蘊涵的精神。〔註154〕

　　基於社會寫實詩人對人、事敘述摹寫以及評議論斷的需要，樂府、古詩這兩種詩體是最切合所需。因爲這兩種詩體的形式是「篇無定句，句無定字，繫於意，不繫於文」，〔註155〕形式結構自由，詩人可隨詩意發展而靈活變化，敘寫成或長或短的詩作；而且古詩、樂府平白淺近的語言文字，在敘寫社會現象、大眾生活時最易貼近，所以這兩種詩體是現實主義詩人創作時的最佳選擇。除此之外，律詩組詩可就旨意發揮需要而不斷延續，也可以和樂府、古詩一樣發揮敘事寫實的功用。

　　袁枚〈答沈大宗伯論詩書〉：「格律莫備於古，學者宗師，自有淵源。至於性情遭際，人人有我在焉，不可貌古人而襲之，畏古人而拘之。」〔註156〕施士洁、許南英、丘逢甲對詩的創作都是抱持開放的態度多方學習，「從古人中入」，廣泛地學習古代作家的創作經驗，作品的風格多樣多變，而歸根究柢，則是秉諸「眞心」創作，寫出自己的感遇遭逢，展現自我獨特風格。除此之外，由於遭逢世變，他們的創作也都繼承自詩經、杜甫、白居易以來的社會寫實派詩人的創作特色，和晚清時期的大陸、臺灣詩人一樣，在詩作中反映時代、批評時事、臧否人物，這和當時的時代環境背景有絕對關係；而作品內容與時代現實緊密聯繫，也是他們發揮創作主體性的證明。這可以從他們對詩歌創作都有「詩史」意識的自覺得到證明，也因爲他們關懷家國、注意時代的演變，因此而有大量書寫時事、富含「詩史」精神的作品。

〔註154〕此處所述依蕭麗華：《元詩之社會性與藝術性研究》（臺北：臺灣大學中國文學研究所博士論文，1992 年）、龔鵬程：《詩史本色與妙悟》（臺北：臺灣學生書局，1993 年 2 月）、張高評：《宋代文學研究叢刊第二期》（高雄：麗文文化事業公司）、黃麗月：《汪元量詩史研究》（臺北：文津出版社，2000 年11 月）各家所論綜合整理。

〔註155〕白居易：〈新樂府序〉，收入《白居易集》卷3，頁 52。

〔註156〕收入袁枚：《小倉山房文集》，頁 215。《清代詩文集彙編》340（上海古籍出版社）。

施士洁雖曾說過：「才疏未敢稱詩史，世亂惟應作鬼雄！」〔註157〕但面對
戰禍不斷、民不聊生的景況，詩人心中不無所感：「驚心亞歲編詩史，徹骨窮
多鬭酒兵。」〔註158〕尤其他內渡後居留在閩省沿海，看到安海、鷺門等地在
列強強租殖民、胡賈剝削、鴉片流毒、疫癘肆虐種種破壞後，由原來的富庶
之地變成人間鬼獄時，他更是痛心疾首發而爲詩：「青衫白髮傷心客，亂世曾
聞避流賊。燹餘十室今九空，使我一編哀蜀碧。」〔註159〕他也常發「詩學盛，
詩教衰」之歎！〔註160〕

施士洁內渡大陸之後，意識到以作品反映時事的必要，他寫有〈梅樵詩
集序〉：

> 文章隨世運爲轉移，詩詞即性情所流露。士君子躬逢盛世，歌頌昇
> 平，以應鳴鳳朝陽之瑞。及覩滄桑變故，迂拙之輩，噤若寒蟬；而
> 逸士騷人，每於登臨酬應之時，藉謳吟以洩其不平之氣，千載後猶
> 如見其人焉。〔註161〕

這裡很明白的表達了文學受時代影響的創作觀念，面對世變，詩人鬱於
中而必宣於外，在直筆褒貶之際，詩作自然也具諷諭之意了。

許南英有詩云：「老還有我觀時變，春竟無王紀月正。」〔註162〕這分「觀
時變」的用心，正是許南英在〈和廈門李子德原韻三首〉之三詩中所說的：

> 人海茫茫嘆寡儔，更思汲古緬非修。
>
> 天將閒散安詩史，人爲牢騷喚醉侯。〔註163〕

由此來看，許南英並非有心以「詩史」自任，但因創作於他是「性靈語」，
是個人心志的表達，自然的，生活上的所見、所聞、所思、所感就是他的創
作題材；也因爲他關心時局、體察民瘼，身處亂世的他在作品裡自然記敘著
時事、爲民代發心聲。在這些創作上的因素相互作用之下，他有即事命題的

〔註157〕施士洁：〈六十初度：允白以詩壽我，如韻答之〉，《後蘇龕合集》，頁227。

〔註158〕施士洁：〈今年冬至，寒瘦全憀，擬有所作：夜以尊酒自犒，輒復閣筆。東海
棄民忽擲新詩示我，心頭鹿鹿，率爾操觚，如韻和之。棄民殆亦如周之與施，
相視而笑，莫逆於心歟〉，《後蘇龕合集》，頁211。

〔註159〕施士洁：〈哀安海〉，《後蘇龕合集》，頁309。

〔註160〕黃瀚〈偶閱近人詩有作〉詩注云：「施耐公常有詩學盛詩教衰之語。」收入《禾
山詩鈔》（未著錄出版資料），頁179。

〔註161〕收入施梅樵：《梅樵詩集》（臺北：龍文出版社，2001年6月），頁9。

〔註162〕許南英：〈四疊前韻〉，《窺園留草》，頁152。

〔註163〕許南英：《窺園留草》，頁164。

新樂府作品，之外，他有一些形式爲律詩組詩的作品，內容卻也是書寫時事、評議人物，具有新樂府風格，例如〈臺感〉八首、〈感時〉〔註164〕四首，這樣的作品雖然具有抒情成分，但是記事、議事分量也不輕。趙沛霖認爲許南英在實際創作時，「能夠把創作視野始終放在國家與民族的前途和命運上，能夠時刻注意並比較準確地抓住每一個歷史時期的迫切的現實問題」，所以他的詩歌創作具有「詩史」的詩徵。〔註165〕

丘逢甲內渡之初，曾企圖有所作爲，如杜甫、李白以詩歌傳世並非他所願，他曾言：「吾之詩非詩，乃吾之醇酒婦人也，借而遣興而已。」〔註166〕但是到了光緒二十八年他寫〈論詩次鐵廬韻〉這組詩時，在詩中坦言「四海都知有蟄庵，重開詩史作雄談」的雄心，可見他在反覆思索多年之後，下定在詩界求表現的決心，此時的詩創作對他來說就不再只是婦女、醇酒了。而基於對「四海橫流未定居，千村萬落廢犁鋤」的時代社會關懷，他體悟到「詩」的新意義，是「彼此紛紛說界疆，誰知世有大文章」、「英雄成敗憑人論，贏得詩中自紀年」，他要以「米雨歐風作吟料」，開闢出屬於他的詩界雄國，完成他原本要做到的封侯事功。〔註167〕雖然丘逢甲直至此時才明確有「詩史」之念，但早在《柏莊詩草》時期，他已有新樂府的創作了，如〈老番行〉、〈濁水溪歌〉、〈熱風行〉、〈臺山有虎謠〉等。〔註168〕

施士洁的新樂府作品有：

〈泉南新樂府〉之作，共〈械鬥〉、〈避疫〉、〈控案〉〈打劫〉、〈番客〉、〈乩童〉、〈普渡〉、〈賭棍〉〔註169〕八首，另有〈法蘭西大革命歌〉、〈戊午除夕〉、〈鷺社歎〉、〈哀安海〉、〈越南聞捷，與祁莘垞同年夜談聯句〉、〈疊前韻〉、〈越南聞捷，與祁莘垞同年夜談聯句〉、〈疊前韻〉、〈聞劉省三爵帥到臺，張幼樵星使到省有感，仍用前韻〉、〈讀劉爵帥與法夷書，和星皆韻〉〔註170〕等作品。

〔註164〕許南英：《窺園留草》，頁82、頁192。
〔註165〕趙沛霖：〈清末愛國詩人許南英〉，收入周俟松、杜汝森編：《許地山研究集》（南京：南京大學，1989年），頁32。
〔註166〕丘逢甲：〈致丘菽園信〉第四封，收入《丘逢甲文集》
〔註167〕丘逢甲：〈論詩次鐵廬韻〉，《嶺雲日樓詩鈔》，頁179。
〔註168〕丘逢甲：《柏莊詩草》，頁13、頁82、頁108、頁110。
〔註169〕施士洁：《後蘇龕合集》，頁119。
〔註170〕施士洁：《後蘇龕合集》，頁138、頁288、頁201、頁309、頁320、頁321、頁327。

　　許南英的新樂府作品有以下數首：

　　〈與柯參戎月波會剿石梯、珠環土匪紀事六十韻〉、〈紀風暴〉、〈紀私
鬪〉、〈和杜鵑醉歌行原韻〉、〈日言〉〔註171〕諸作。

丘逢甲的新樂府作品

　　《柏莊詩草》集中有〈老番行〉、〈熱風行〉、〈臺山有虎謠〉、〈割花歡〉，
〔註172〕《嶺雲海日樓詩鈔》集中有〈千秋曲〉、〈黃田山行〉、〈三饒述
懷〉、〈汕頭海關歌寄伯瑤〉、〈戊申廣州五月五日作〉、〈述災〉、〈新樂府
四章〉（〈留海髮〉、〈花賑會〉、〈萬牲園〉、〈濟良所〉）、〈寶漢茶寮歌〉、
〈燃燈歌〉、〈興福寺〉、〈海軍衙門歌，同溫慕柳同年作〉、〈曉滄惠香米，
兼以詩既，賦此為謝，並送之汀州〉、〈述哀答伯瑤〉。〔註173〕

　　就海東四子這些作品來分析，這些作品具有以下幾個特色：

一、內容緊扣社會時局

　　光緒十年，中法越南之戰獲捷的消息傳來，施士洁寫了〈越南聞捷，與
祁莘垓同年夜談聯句〉、〈疊前韻〉等詩；接著，劉銘傳到臺灣戍守保臺，施
士洁又寫下〈聞劉省三爵帥到臺，張幼樵星使到省有感，仍用前韻〉、〈讀劉
爵帥與法夷書，和星皆韻〉等詩，充分流露出他對家國大事及臺灣前途的關
心。內渡之後，他寫下〈泉南新樂府〉共八首，每一首都是針對當時廈門社
會的亂象提出的針砭之見；至於〈鷺社歡〉、〈哀安海〉兩首，是施士洁長年
觀察閩省沿海各城市在戰爭、鴉片、外商等力量的交相殘害下日漸凋敝、民
生困難的情況，施士洁筆下充滿憤慨之情，卻也不勝噓唏！〈法蘭西大革命
歌〉一詩的題材比較特別，施士洁在列陳各國民主革命的經過及結果之後，
表達他對革命的看法，雖然看法較顯保守，但他對世界情勢、國家前途的關
心卻表露無遺。

　　許南英〈與柯參戎月波會剿石梯、珠環土匪紀事六十韻〉這首長詩是寫
剿撫陽春、陽江兩縣地方盜匪的經過，〈紀暴風〉一詩是記述民國元年他在臺
灣遇到暴風的經歷，〈紀私鬪〉寫龍溪縣民械鬪事，〈日言〉則評議清末推行

〔註171〕許南英：《窺園留草》，頁70、頁112、頁136、頁177、頁90。
〔註172〕收入《丘逢甲遺作》（臺北：世界河南堂丘氏文獻社，1998年12月），頁13、
　　　　頁108、頁110、頁112。
〔註173〕丘逢甲：《嶺雲海日樓詩鈔》，頁51、頁52、頁116、頁172、頁223、頁226、
　　　　頁229、頁248、頁293、頁294、頁303、頁326、頁362。

新政的缺失。

　　丘逢甲在〈老番行〉序中云：「作此以告當道之言撫番者。」〈臺山有虎謠〉詩則云：「上當告九天，守闈恐有連。」他很清楚地宣示他為民歌哭、為民請命之意。〈留海髮〉、〈花賑會〉、〈萬牲園〉、〈濟良所〉四首，是就當時社會去髮辮亂象、藉賑災發財的無恥之徒、濟助弱勢女姓問題、國難當前慈禧仍花費鉅款成立北京動物園等問題寫作的；〈燃燈歌〉、〈興福寺〉是批評地方鄉民的迷信陋俗；〈汕頭海關歌寄伯瑤〉則抨擊清廷外交、經濟策略錯誤，對國計民生帶來的嚴重傷害；〈海軍衙門歌，同溫慕柳同年作〉一詩表達對船政推行多年，海事卻仍慘敗的不滿；〈戊申廣州五月五日作〉則是書寫革命造成社會擾攘不安。

　　這些作品作容都與時代脈絡緊緊相連，海東四子對時代的關懷之情明白可見。

二、敘事寫實性強烈

　　施士洁〈械鬥〉詩中將逞強械鬥、雙方皆傷的慘狀寫得令人怵目驚心，而地方官剝削之下民無以為生的淒楚亦形諸筆墨：

> 男者壯者鋌鹿走，婦者稚者沙蟹爬；流離偷向草間活，不及樹上雙棲鴉！苦到吞聲無處訴，自願餐風與宿露；寧可死作道旁屍，那可捉將官裡去。吁嗟乎！生則地瓜當飯春草眠，死則鋼刀之下鉛子邊！縣官父母民之天，民與民鬥天無權！子民敢望父母憐？貧者猶有賣子錢，富者賣宅兼賣田，膏脂幸勿嫌炙炙！吏胥饞吻徒隸涎，皮膚刮盡骨肉腌，激而不變豈其然？方今萬事何者先？苞苴有例相沿緣，習以為尚誰敢捐？

　　許南英〈與柯參戎月波會剿石梯、珠環土匪紀事六十韻〉詩末寫柯月波降服盜群之後受到民眾燃爆夾道歡迎，甚有撥金立碑紀念的，可見匪群為禍甚烈，盜匪既清、民可安樂業，自然也就歡欣雀躍。許南英將將軍得勝、百姓雀躍之情寫得詳盡生動，當時的情況如實呈現在你我眼前：

> 將軍知兵我嘆服，號令嚴明紀律肅。
> 崔苻不識鄭國僑，草木盡知張萬福。
> 除夕解圍還細柳，馬前婦孺同稽首；
> 入耳轟轟爆竹聲，不為新年為君壽。
> 從今安業事春耕，已無強梁窺戶牖。

別有多情喜劇金，紀念立碑傳不朽。

丘逢甲在〈海軍衙門歌，同溫慕柳同年作〉詩中，抨擊清廷花了三十多年、投入萬萬金錢的船政事業卻不堪一擊，當事者無能辱國，還使得百萬無辜人民葬身海底。他以簡潔清晰的敘事手法交代，直如史書所記：

> 大東溝中礮聲死，旅順口外逃舟駛。劉公島上降旛起，中人痛哭東人喜。旁有西人競嗽訾，中國海軍竟如此。衙門主者伊何人？萬死何辭對天子！坐糜廿三行省萬萬之金錢，經營慘淡三十年。衙門循例保將領，翠翎鶴頂何翩翩！南軍北軍合操日，礮雲翁起遮蒼天。群輪輾海迷青煙，謂此足當長城堅。一東人耳且不敵，何況西人高掌遠蹠紛來前？我不能工召洋匠，我不能軍募洋將。衙門沈沈不可望，若有人兮坐武帳。早知隸也實不力，何事揮金置兵仗？戰守無能地能讓，百萬冤魂海中葬。購船購礮仍紛紛，再拼一擲振海軍。

社會寫實詩作所以能發揮「以詩記史」的主要原因，除了內容上緊扣時代脈博之外，另外的重要因素就是寫作手法採用「賦」法的關係。錢鍾書說：「賦事之詩，與記事之史，每混而難分，此士古詩即史之說，若有符驗。」〔註174〕即是此意。施士洁、許南英、丘逢甲的新樂府詩作充分運用了這種技法。

三、文字淺白口語化

這些寫實社會詩是針對時事而作的，又為了引發大眾普遍的共鳴，在語言具有淺白且口語化的現象，例如施士洁〈打劫〉：

> 君不見千人萬人同一鄉，十鄉八鄉同一姓？弱肉強食今成風，巨族聊為盜跖行！盜跖年少鄉中豪，夜弄礮火晝舞刀；狗黨狐群隨處有，弱小見之曳兵走。兩重牆壁三重門，抉門破壁驚雞豚。

再如許南英〈紀暴風〉：

> 風聲寒雨間，鰥目到天亮。滿園薄命花，委頓半凋喪；
> 竹樹葉枯焦，如栽近火坑。田疇如野燒，耕者泣相望。
> 是名麒麟颶，古書或不妄。我聞去年秋，更甚如此狀：
> 徧地盡災黎，撫恤勞君相。元氣尚未復，天公太不諒。

還有丘逢甲的〈述災〉：

〔註174〕錢鍾書：《談藝錄》（臺北：藍田出版社），頁46。

炎天久不雨，一雨遂汎濫。三江勢俱漲，有地皆水占。

平鄉水過屋，高市水入店。桑田盡成海，餘者山未陷。

無隄能自堅，有稻不得斂。災民露天宿，屢徙常倚擔。

生者鵠面立，死者魚腹殮。天心奧仁愛，忍使民昏墊。

無家百萬人，仰視寧無憾。雖有汎舟粟，救死亦云暫。

來日良大難，安能久遍瞻？

丘逢甲〈戊申廣州五月五日作〉：

年來民窮盜益多，群盜如毛不可櫛。

小猶鄉落事攻剽，大且據城謀篡竊。

此方告平彼旅起，一歲之間四五發。

東南已無乾淨土，半壁江山半腥血。

民言官苛迫民變，官言革命黨為孽。

　　這些作品裡，很少使用比、興的技巧，或是抽象意象的疊映，都是用平
白如話的直樸文字直接敘寫，為的是要如實呈現事實的真象；這種寫作方法
雖被批評為非詩本色，但這就是這類社會寫實詩共有的特色。

四、富論斷評議精神

　　施士洁〈避疫〉詩末譴責「摸金校尉」、「發丘郎」在泉南發生鼠疫死者
無數時趁喪家臨難之際落井下石的惡劣：

炎天薧葬叢山紛，勾助負土營新墳。豈知狐埋復狐搰，是勾是盜二

而一。「摸金校尉」、「發丘郎」，木石心腸鬼亦恷！晨酣午飫宵掜蒱，

腦後不聞新鬼呼！惡勾之惡惡若此，彼蒼降罰何時已？

　　施士洁〈番客〉詩中敘述閩粵人士爭相出洋為工或行商，以為可以獲利
並光耀門楣，卻不知留在家鄉老小為鄰所欺侮，更遭官家擾侵，「咀爾血肉嚼
爾皮」，施士洁於詩末勸諭：

番客之名甘如飴，番客之苦無人知。

客昨欲歸愁乏貲，今歸欲行悔覺遲。

客爾何不沈舟破釜、飄蓬汎梗隨所之，

終身浮海居九夷，笑挈胡婦胡兒嬉？

君不見□□□作賈胡碧，冠衿把手爭相識？

□□□□□□□，□□如此願已適。

又不見南洋□□□□□，□者幾人正邱首？

故鄉萬里空招魂，誰贈麥舟返爾柩！〔註175〕

許南英〈紀私鬥〉在詩末探究私鬥發生的原因，批判「利用鬥為生」之徒的不該：

推原此禍始，出自愚父兄；盛氣分強弱，武力較輸贏。

一村為戎首，鄰社俱聯盟；如秦與六國，合縱而連橫。

集鄉弱之財，什一計取盈。如或斃敵人，出資眾社擎；

倘如被敵斃，死者徒犧牲！雖有續命財，強者相吞拼。

以此愚父老，利用鬥為生。

丘逢甲〈海軍衙門歌，同溫慕柳同年作〉也發出強烈的諷刺譴責之意：

樓船又屬今將軍，會須重鑄六州鐵。寶刀拜賜趨衙門，軍中豈知天子尊？斂縮海界張軍屯，海風晝嘯龍旗翻。天吳海若群飛奔，陰符秘授鬼莫測。何取書生紙上之空言？噫吁乎！書生結舌慎勿言，衙門主者方市權。

他直言批評海軍衙門主事者擁兵自重、權貴一時的驕恣作法，並且指責主事者治事既然無成，卻又不接受諫言改進的剛復。〔註176〕

光緒三十二年，清政府派載澤、端方、戴鴻澤等五大臣出洋考察憲政，並趁機選購各國珍禽猛獸回國，建設成「萬牲園」，慈禧並聘用德國馴獸師組織馬戲團，丘逢甲〈萬牲園〉一詩就是針對這件時事書寫的。他對慈禧在朝政焦頭爛額之際，仍罔顧國家前途、百姓疾苦，竟花費大筆金錢建動物園、組馬戲團的作法極力誅伐：

食粟者粟，食肉者肉；爾雖不能言，無不得所欲。文禽武獸前後補，京朝之官半寒苦。人言員外郎，不及園中虎。爾窮民，滿天下，安能上與檻猿籠鶴伍？

施士洁、許南英、丘逢甲的新樂府創作所具有的特色為一、內容緊扣社會時局：二、敘事寫實性強烈：三、文字淺白口語化：四、富論斷評議精神。這些特色和杜甫被稱為「詩史」諸作所具有的：記時事、善敘事、表忠愛、寓褒貶等特徵相同，因此，施士洁、許南英、丘逢甲以「詩史」之筆，寫出時代、社會的現象，稱他們為「詩史」，是適如其分。

〔註175〕施士洁：《後蘇龕合集》，頁122。

〔註176〕光緒十一年，在北京成立總理海軍事務衙門，以醇親王為總理大臣，慶郡王、北洋大臣為會辦，實權為北洋大臣李鴻章掌握，後來竟挪用海軍軍費，配合慈禧太后修建頤和園。

第六章　創作藝術的時代特徵

第一節　形式上的特徵

　　劉勰《文心雕龍‧通變》說：「設文之體有常，變文之數無方。」又說：「文律運周，日新其業。變則其久，通則不乏。趨時必果，乘機無怯。望今制奇，參古定法。」〔註1〕每一代的文人在創作時，都是在前人的成就基礎上又再加以趨時變新，以適應當時代的創作環境及風氣，在兩者相參結合變化之下而發展出自己的創作風格。鴉片戰爭爆發之後，國勢衰頹、政治黑暗，基於儒家仁民愛物思想的責任感，晚清時期的知識分子普遍存有救亡圖存的想法，寫實諷諭的創作精神重新被重視，杜甫記時事以諷諭的「詩史」精神，正符合清末詩人抒發時代心聲時所需，他們的創作深富愛國憂民的詩史精神，作品的思想與內容也與時代產生密切的繫連。

　　創作時欲呈現的思想、內容，對於作品形式的選擇有絕對的影響；如就體制的選擇來說，想要在作品中敘述發生的時代事件，並進一步在詩中加以議論或諷刺，那麼，五言絕句或五言律詩的精簡形式是無法達到這個目的的，即便是較為寬緩的七言律詩，也未能達到晚清詩人欲藉創作以「傷國變、哀民情」的需要。樂府、古體詩比較不講究平仄、鍊字、意象塑造的工夫，文字也比較直樸；尤其在杜甫大量創作含有敘事、議論成分的即事書寫新樂府，以及元稹、白居易又充分發展新樂府「歌詩合為事而作」的社會功能，這種樂府、古體詩正適合晚清詩人記事諷詠的創作目的，因此即事書寫的新樂府、

〔註1〕　王更生：《文心雕龍注》（臺北：學海書局，1977年8月），頁519～頁521。

古體詩在此時大爲興盛。

　　除了即事書寫、長短自定的新樂府、古體詩之外，清末詩人也常常運用組詩形式，甚至是組詩又一再疊韻的方式，針對同一事件或同一主題反覆陳述，以抒發內心的澎湃熱情及憤慨怨懟。律詩一首四十個字或五十六個字，是很難達到社會寫實詩作敘事、議論的諷喻效果，但是假若寫成組詩的形式，那也就如同樂府或古體詩一樣，可以依據創作者的需要，行於所欲行，在充分發揮創作的旨意與目的之後，而止於所當止。如貝青喬〈咄咄吟〉共一百二十四首、龔自珍〈己亥雜詩〉共三百十五首、黃遵憲〈日本雜事詩〉則有一百五十餘首，致於五首一組、十首一組等形式的組詩更是不勝枚舉。

　　爲達到敘述時事、議論諷諭的寫實詩作的創作目的，晚清詩人除了在體製上選擇樂府、古體詩，或將律詩以組詩方式呈現之外，在創作的形式上也常常大量運用詩序、詩注、長題等方法，因爲這些方法的運用，也能發揮社會敘事寫實詩作補史、證史的作用。如龔自珍（1792～1841）〈能公少年行〉、〈西郊落花歌〉、〈三別好詩〉詩前有序，黃燮清（1805～1864）〈孤兒行〉詩前有序、〈長水竹枝詞〉詩後有注，貝青喬（1810～1863）〈哀甬東〉詩前有序、〈題陳軍門遺像〉詩下有注，林紓（1852～1924）〈閩中新樂府〉五十首，每一首皆有小序說明詩旨，譚嗣同（1865～1898）〈兒纜船〉則詩前有序。〔註2〕

　　海東四子身處清朝末期、臺灣割讓的巨變時代，他們在創作中書寫時代發生的事件時，也大量運用這些形式上的技巧，以求能詳實完盡地描繪出時代社會的面貌，正和這一時期中國詩壇所呈現的創作特徵是相同的。

　　在這一節裡，筆者從海東四子作品的形式上著手，探討四子因應創作內容表達的需要而在作品形式上產生的特徵。分成體制、組詩、詩序、長題、詩注數項論述，首先探清海東四子創作中這些形式的表現情形，再進一步探討這些形式的運用產生了什麼樣的記史、補史的作用。

一、體　製

　　施士洁《後蘇龕合集》一書，共有詩作一千六百三十二首、詞作五十七闋，以及各式文體（序、跋、銘、啓、記、書信、象贊、祝詞、壽言、祭文

〔註2〕　張秉戌、蕭哲庵主編：《清詩鑑賞辭典》（重慶出版社，1992年12月），頁907、頁923、頁920、頁993、頁998、頁1015、頁1011、頁1105、頁1141。

等）七十八篇；其中詩作包括：五絕十二首、七絕六百三十六首、五律六十四首、七律七百四十七首、五古七十四首、七古六十九首、雜言古詩三十首。

　　許南英《窺園留草》一書，共有詩作一千零三十七首、詞作五十九闋；其中詩作包括：五絕三十八首、七絕三百三十五首、五律一百四十五首、七律四百六十九首、五古三十首、七古十六首，雜言古詩四首、排律一首。〔註3〕

　　丘逢甲《嶺雲海日樓詩鈔》一書，共有詩作一千七百六十五首、詞作兩闋；〔註4〕其中詩作包括：五絕二十八首、七絕八百一十三首、五律九十八首、七律五百七十六首、五古一百一十八首、七古八十五首、雜言古詩四十七首。
　　丘逢甲《柏莊詩草》一書，共有詩作二百八十二首，包括：五絕五十七首、七絕一百三十五首、五律三首、七律七十首、五古六首、七古六首、雜言古詩一首。

　　汪春源的詩作今日只見二十首，其中五言絕句有二首，七言絕句有二首，七言律詩有十六首。

　　這裡將海東四子的創作依體製分類列為簡表於下：

書名 體製	施士洁《後蘇龕合集》	許南英《窺園留草》	丘逢甲《嶺雲海日樓詩鈔》	丘逢甲《柏莊詩草》	汪春源作品
五絕詩作數量	12	38	28	57	2
五絕百分比例	0.74	3.6	1.6	20.5	10
七絕詩作數量	636	335	813	135	2
七絕百分比例	39	32.3	46.1	48.6	10
五律詩作數量	64	145	98	3	
五律百分比例	4	14	5.6	1.1	
七律詩作數量	747	469	576	72	16
七律百分比例	45.8	45.2	32.6	25.5	80
五古詩作數量	74	30	118	6	
五古百分比例	4.5	2.9	6.7	2.2	

〔註3〕　這裡所記的詩作數目，和許贊堃〈窺園先生詩傳〉中所記略有出入：「（先生）所作最多為七律，計四百七十五首；其次七絕三百三十五首，五律一百三十二首，五絕三十八首，五古三十五首，七古二十三首，其他兩首，總計一千零三十九首。」收入許南英：《窺園留草》，頁247。至於詩作總數應扣掉林健仁〈重九日呈崖岸先生用前韻〉一詩，而為一千零三十七首。見筆者：《許南英及其詩詞研究》（臺北：中國文化大學中國文學研究所碩士論文，1999年）頁144的說明。
〔註4〕　丘逢甲：《嶺雲海日樓詩鈔》，頁204。

七古詩作數量	69	16	86	6	
七古百分比例	4.2	1.5	4.8	2.2	
雜言詩作數量	30	4	47	1	
雜言百分比例	1.8	0.4	2.7	0.4	

由統計表可以發現：施士洁、許南英、丘逢甲的作品中，七絕、七律佔了很大部分，古詩的數量也不少。施士洁七絕、七律作品佔有 84.8%、古詩佔了 10.5%；許南英七絕、七律作品佔了 77.5%、古詩佔了 4.8%；丘逢甲《柏莊詩草》七絕、七律佔了 73.8%、古詩佔了 4.8%。《柏莊詩草》是丘逢甲早期的作品集，當時的創作以篇幅短小的五絕、七絕為多，不過，內渡之後古詩體的創作量就增加了許多，所以《嶺雲海日樓詩鈔》集中的古詩佔有 14.2%，但是七絕、七律仍是多數，分別佔有 46.1%、32.6%。汪春源詩作今日只見二十首，其中七言律詩佔多數，有 80%之強。

海東四子創作中絕句、律詩的數量不小，但是多寫為組詩，針對單一主題反覆書寫，這些組詩中有的也發揮了像長篇敘述的樂府、古體詩作一樣的作用。至於海東四子創作中的組詩的數量有多少，於下一項目中分析。

二、組　詩

組詩又稱連章詩，創作時常以同體之詩數首聯章成組，從各種不同的角度描寫同一主題，各首既可分開獨立成篇，彼此之間又有章法聯繫，可以統合成一個整體。詩人有時是因為要書寫的內容繁多，有時是因為要表達深沈感慨，這時，除了古體詩的選擇之外就是採用組詩了。

就體製來說，組詩能盡長篇之能事，又較長篇為自由，不獨歌行相宜，五言、七言、雜言、古詩、律詩、排律、以至於絕句，都可組成組詩。就內容來說，不論是國勢盛衰、世事變化，還是個人悲歡離合、感遇興志，都可以成為組詩的題材內容。就組詩的章法來說，則有千變萬化、極盡其妙的可能，如：各首分詠一事，各首合詠一事；或首尾相互呼應，或前後對比映照；可在首章總括概述寫作目的，也可在末章交代創作動機；各章或以時間順序來串連，或依詩意表達的需要安排詩作次序。就創作的技巧來說，則抒情、寫景、敘事、議論，皆可參錯雜揉於組詩中，形成多樣多變的組詩風貌。

海東四子有大量的組詩的創作，劉登翰《臺灣文學史》說：

施士洁集中多同題疊韻和七言古風之詩。這同施士洁對自由奔放風
格的追求也有關係。由於同題疊韻的組詩形式和七言古風的體裁篇
幅較長、格律較寬，正適合詩人縱筆抒寫。〔註5〕

　不僅施士洁有豐富的組詩作品，許南英、丘逢甲的組詩數量也不少；他
們在組詩中或抒情、或記事、或議論，將時代、家國、世事的變化，以及個
人的悲歡離合、感遇興志都在詩作中留下記錄。下面就針對海東四子的組詩
作品做探究，分析其體製、內容、章法、技巧等方面的特色。

（一）組詩體製分類

　在施士洁一千六百三十二首的詩作中，有一千一百九十一首是以組詩的
形式出現的，一題二首的最多，有一百五十六組，一題四首的次之，有八十
一組，其他一題三首的有二十二組，一題五首的有十二組，一題六首的有十
三組，一題七首的有三組，一題八首的有十八組，一題十首的有六組，一題
十二首的有四組，一題十一首、一題十四首的則各為一組，也有多至一題二
十一首、一題三十二首的。

　許南英一千零三十八首詩作中，有六百二十八首是以組詩形式寫作的，
其中，一題二首的數量有八十一組，數量最多，其次是一題四首，有四十九
組，一題三首的有十八組、一題五首的有三組、一題六首的有十三組、一題
七首的有一組、一題八首的有八組、一題九首及一題十首的各二組、另有一
組一題十四首。

　丘逢甲《嶺雲海日樓詩鈔》一千七百六十五首詩作中，有一千一百零四
首是以組詩形式出現的，也是一題二首的數量最多，有八十三組，一題四首
的次之，有六十一組，一題三首的有三十三組，一題五首的有十五組，一題
六首的有十四組，一題七首的有三組，一題八首的有十九組，一題十首的有
十組，一題十二首、一題十五首、一題十六首的各有二組，一題十七首的有
一組，一題二十首的有三組。

　汪春源一題二首的有四組，一題四首有一組。

　將海東四子組詩創作依照詩作數量來分類並列成表格，所得如下：

〔註5〕劉登翰等編：《臺灣文學史》（福州：海峽文藝出版社，1991 年 6 月），頁
　　　254。

組詩 數量 ＼ 書名	《後蘇龕合集》	《窺園留草》	《嶺雲海日樓詩鈔》	《柏莊詩草》	汪春源作品
一組二首	156 組	81 組	83 組	18 組	4 組
一組三首	22 組	18 組	33 組	1 組	
一組四首	81 組	49 組	61 組	8 組	1 組
一組五首	12 組	3 組	15 組		
一組六首	13 組	13 組	14 組	1 組	
一組七首	3 組	1 組	3 組		
一組八首	18 組	8 組	19 組	2 組	
一組九首		2 組			
一組十首	6 組	2 組	10 組	3 組	
一組十一首	1 組				
一組十二首	4 組		2 組	2 組	
一組十四首	1 組	1 組			
一組十五首			2 組		
一組十六首			2 組	1 組	
一組十七首			1 組		
一組二十一首	1 組				
一組三十二首	1 組		3 組		
一組五十首				1 組	
組數總數	318 組	178 組	248 組	37 組	

　　從表列資料來看，海東四子一題兩首、一題四首的組詩數量最多，這和這兩類組詩的結構較簡單，運用時更為靈活的特性應有關係；雖然也有詩作數目為奇數組合的組詩，但很明顯的，偶數數目組合的組詩才是正宗。另外，施士洁有二十一首組詩一組、三十二首組詩一組，丘逢甲有三十二首組詩三組、五十首組詩一組，這樣的創作主要目的在逞才學、炫文華。在兩人的組詩作品中，又有同題組詩一疊再疊，組成數十首的大型組詩，一再反覆陳述淋漓興盡之後才擱筆的，如施士洁〈寄和黃巖蔡□□茂才七十自壽韻〉一題四首的組詩，共九疊三十六首詩，〔註6〕而與黃恕齋相互唱和的同題二首組詩，則多至十二疊共二十四首。〔註7〕丘逢甲〈秋懷〉組詩，八首一組，共有

〔註6〕　施士洁：《後蘇龕合集》，頁98～頁103。其中第七疊〈七疊前韻為曉滄〉，唱和對象轉換成蔡曉滄。
〔註7〕　施士洁：《後蘇龕合集》，頁211～頁217。這一題組詩原是施士洁與東海棄民林輅存的唱和之作，在「恕齋疊韻不已，如數和之」之後，則成了施士洁與

六疊，同題詩作寫了四十八首詩。

下面，再依據海東四子組詩創作的體製分類列成簡表：

書名／體製	《後蘇龕合集》	《窺園留草》	《嶺雲海日樓詩鈔》	《柏莊詩草》	汪春源作品
五絕	2組	5組	5組	2組	1組
七絕	126組	67組	166組	25組	3組
五律	14組	24組	21組	1組	
七律	178組	93組	107組	9組	1組
五古	6組	1組	19組		
七古	1組		2組		
雜言古詩	1組		2組		
組數總數	328組	190組	322組	37組	

從表列數字來看，明白顯現出海東四子寫作組詩時，偏重採用七絕、七律的體製寫成組詩；雖然海東四子的組詩作品不完全是社會寫實的內容，但是大量作品採用較易於轉化、較利於敘事的七言體，並且聯結寫成組詩，這種現象所以產生，和海東四子欲藉詩歌創作書寫時代、記錄時事的創作目的是有關連的。另外，我們也可以從表列數字看出海東四子創作組詩的不同表現。四子創作的總數並不相同，不能只以數字做比較，但是施士洁和丘逢甲勇於嘗試各類體製組詩的創作，數量又多，這是兩人才思高華、文思泉湧的證明；《柏莊詩草》、《嶺雲海日樓詩鈔》分別是丘逢甲早期、晚期的創作集，兩相比較之下，可以看出詩人成長進步的成績。可惜施士洁、許南英留下的早期作品不多，無法做類似的比較。

（二）組詩內容分類

海東四子組詩的內容題材非常廣泛，可以分成以下數類：

1、興亡慨嘆：施士洁〈漢靈帝〉、〈覽古〉、〈登赤嵌樓望安平口〉；許南英〈詠史〉、〈蘇屬國〉；丘逢甲〈讀南史雜詠〉、〈說潮〉、〈王姑庵絕句十六首〉、〈詠史四絕句〉。

2、憂時傷世：施士洁〈感時示諸將和陳仲英廉訪韻〉、〈感事，疊前韻示伯庸〉；許南英〈臺感〉、〈防匪〉；丘逢甲〈新樂府四章〉、〈擬杜諸將五首用原韻〉、〈歲暮雜感〉。

黃恕齋之間競技的活動了。

3、評述議論：施士洁〈腐儒〉；許南英〈日言〉、〈人日雜感〉；丘逢甲〈古詩〉、〈雜詩四首答鄭生〉。

4、風土民俗：施士洁〈泉南新樂府〉；許南英〈三水雜詩〉、〈新嘉坡竹枝詞〉、〈曼谷〉；丘逢甲〈諸羅襍詠〉、〈饒平雜詩〉、〈臺灣竹枝詞〉。

5、民俗節慶：施士洁〈元夕燈詞〉、〈吟社重陽四詠〉；許南英〈七夕〉、〈臺灣竹枝詞〉。

6、詠物諷諭：施士洁〈憎蠅〉；許南英〈竹煙筒〉、〈題雲龍圖〉；丘逢甲〈蟲豸詩八首〉、〈題畫竹〉、〈牡丹詩〉。

7、嘉蹟勝景：施士洁〈雲林新邑八景和陳竺軒邑宰韻〉、〈鄭稼田觀察招飲北郭園即席賦贈〉；許南英〈菽莊四詠〉、〈題林菽臧鼓浪嶼菽莊〉；丘逢甲〈臺灣縣八景〉、〈沖虛觀〉、〈惠州西湖雜詩〉、〈丘園八詠〉。

8、自然風光：施士洁〈鳳山崎〉、〈過吞霄莊〉、〈肩輿過大甲溪〉；許南英〈觀雨即事〉、〈重遊鼎湖山短吟八首〉；丘逢甲〈游羅浮〉、〈游西樵山〉、〈泊秋溪作〉。

9、個人心志：施士洁〈乙巳除夕感懷，寄示林彭壽公子〉、〈別臺作〉、〈六月三日移寓鷺門〉；許南英〈己亥春日感興〉、〈窺園漫興〉；丘逢甲〈將之南洋留別親友〉、〈離臺詩〉、〈山居詩〉。

10、酬贈唱和：施士洁〈次韻香女弟子並柬其外子文升〉、〈季秋上浣病後送別青孺之羅山小築〉、〈重九日別毓臣〉；許南英〈和陳丈劍門新秋偶興呈菽莊主人原韻〉、〈壽蟬窟主人〉、〈贈漱六〉、〈留別南社同人〉；丘逢甲〈王曉滄將之官閩中賦別〉、〈寄懷菽園，兼訊蘭史，疊次曉滄韻〉、〈送頌臣之臺灣〉。

11、題寫序跋：施士洁〈題省長張君常（元奇）詩集〉、〈又題王翁「自鋤明月種梅花」圖〉、〈拙菴東瀛吟草題後〉；許南英〈題蟬窟主人詩卷〉、〈題南社同人吳園送別圖〉、〈題螺山先生詩集〉；丘逢甲〈題友卿鸞簫集〉、〈題楚傖汾湖弔夢圖〉、〈題粵中遺蹟畫〉。

12、閨怨香奩：施士洁〈臺江新竹枝詞〉、〈鹿溪有贈〉、〈月津寄答笨津碧玉〉；許南英〈閨怨，和李秀芬〉、〈有贈〉、〈歌兒名月宮者，以團扇索，作此應之〉；丘逢甲〈逢舊識妓〉、〈蘭史為洪銀屏校書作紅豆圖徵詩，為題四絕句〉。

從以上所列舉的海東四子組詩的創作內容，可以看出海東四子組詩的內容是沒有局限的，生活中所遭逢的一切，無論是時代風潮、家國大事、還是生民疾苦、個人感興，都可以寫入詩篇，他們也常常寫作組詩以祝壽賀喜、追悼弔祭，或者送別迎賓、題寫序跋，充分發揮詩歌在生活中的社會性作用。

（三）組詩章法分類

組詩的章法結構問題最爲詩論家注意，沈德潛《說詩晬語》說：

> 一首有一首章法；一題數首，又合數首爲章法。有起，有結，有倫序，有照應；若闕一不得，增一不得，乃見體裁。……又有隨所興觸，一章一意，分觀錯雜，總述纍纍。……後人一題至十數章，甚或二三十章。然意旨辭采，彼此互犯，雖構多篇，索其指歸，一章可盡，不如割愛之爲愈已。〔註8〕

趙執信《談龍錄》也有類似看法：

> 凡一題數首者，皆須詞意相副，無有缺漏枝贅，其先後亦不可紊也。……魏晉人詩分章者，尋其首尾如貫珠然。……〔註9〕

丘逢甲在〈景忠祠題壁后記〉文中說到他對組詩章法的意見：

> 乙未重九，予始得拜先生之祠；久之，鄉人有議其無題壁詩者。予游長潭五言古詩六首，其四即爲先生發議，但前後章均紀游之作，不宜疥先生壁。友人有謂可截此章題之者，然六章自爲篇法，不應斷章別出，且亦無此體例。〔註10〕

丘逢甲反對將其題壁組詩拆開獨立成篇，因爲這一組詩創作在章法安排或詩旨連繫上是相互呼應的；從丘逢甲的堅持可以看出他對組詩的創作是有其見解及方法的。

就海東四子的組詩作品來做分析，海東四子組詩章法的技巧有以下幾種：

1、各首分詠一事

施士洁〈雲林新邑八景和陳竹軒邑宰韻〉〔註11〕八首，每首各以一景爲主題來抒寫，章法的安排簡單，但在眾多的臺灣八景詩作中，難得的爲陳世烈於光緒十四年建設雲林縣的成果留下了記錄。〔註12〕施士洁又有標題〈泉

〔註8〕收入丁福保編：《清詩話》（臺北：木鐸出版社，1990年9月），頁551。
〔註9〕同上注，頁312。
〔註10〕收入丘晨波等編：《丘逢甲文集》（廣東：花城出版社，1994年6月），頁292。
〔註11〕施士洁：《後蘇龕合集》，頁44。
〔註12〕陳世烈，字竹軒，廣東嘉應州人。劉銘傳於光緒十三設置雲林縣，光緒十四

南新樂府〉〔註13〕的組詩，其下分爲〈械鬥〉、〈避疫〉、〈控案〉、〈打劫〉、〈番客〉、〈乩童〉、〈普渡〉、〈賭棍〉共八首，分別敘寫並議論清末福建廈門的社會亂象，內容豐富龐大，是另一組「同題分詠」章法結構的組詩。

　　許南英〈菽莊四詠〉四首，分別以菽莊的「聽潮樓」、「眉閣」、「蘆潊」、「蕙香樹」爲題寫對象；而〈秋日懷人〉六首，〔註14〕分別題贈給施士洁、陳劍門、沈琛笙、龔雲史、汪春源、莊鑄儂六人，是以一首一個主題的方法寫作的。

　　丘逢甲〈瀛壖八詠〉〔註15〕組詩八首，每首各以一景爲書寫主題，分別題寫「東溟曉日」、「西嶼落霞」、「安平晚渡」、「沙鯤漁火」、「鹿耳春潮」、「雞龍積雪」、「澄臺觀海」、「斐亭聽濤」，既可以各自獨立，組合在一起又完整而切合「八詠」的詩題，成爲臺灣八景詩之一。他另有〈早春園花次第開放，各賞以詩，十六首〉組詩，〔註16〕每一首各以一種花卉爲主題書寫，既可分別獨立，也可結合而成爲花園的全景。這種形態的組詩可說是組詩的基本型態，可以無止境的一直創作下去。如丘逢甲〈蟲豸詩五十首〉〔註17〕這組詩就有五十首，也是相同的章法，更因爲丘逢甲在詩序中說明創作動機是爲「以爲閱世龜鑑」，因著這一共同目的，所以各詩作間聯繫也就更爲緊密。

2、多首合詠一事

　　施士洁〈鳳山崎〉〔註18〕四首，分別從遠近景、聽視覺、人物禽鳥等不同角度來描寫鳳山崎的景色，合成組詩，也就寫出了色彩繽紛、天籟盈耳、充滿著自然野趣的鳳山崎全貌。

　　許南英〈七夕〉〔註19〕共三首，首先寫民間過節的情形，再寫天上牛郎織女相會的難得，第三首則就七夕乞巧的民俗論述「巧不如癡」的人生哲理。

　　　　年委陳世烈署雲林知縣，陳世烈到任後，悉心規畫築城，事成，建旌義亭，以志工事，題曰：「前山第一城」。見連橫：《臺灣通史》（臺北：眾文圖書公司，1994 年 5 月一版二刷），頁 467。國家圖書館特藏組：《臺灣歷史人物小傳》（臺北：國家圖書館，2001 年 6 月），頁 217。

〔註13〕施士洁：《後蘇龕合集》，頁 119。
〔註14〕許南英：《窺園留草》，頁 146、頁 195。
〔註15〕收入世界河南堂丘氏文獻社編：《丘逢甲遺作》（臺北：世界河南堂文獻社，1998 年 12 月），頁 148。
〔註16〕收入世界河南堂丘氏文獻社編：《丘逢甲遺作》，頁 3。
〔註17〕收入世界河南堂丘氏文獻社編：《丘逢甲遺作》，頁 52～61。
〔註18〕施士洁：《後蘇龕合集》，頁 23。
〔註19〕許南英：《窺園留草》，頁 49。

僅僅三首，卻已將詩題〈七夕〉發揮極盡。

　　丘逢甲〈楊花六首〉〔註20〕、〈臺北秋感〉三首，〔註21〕是丘氏早期的作品，也都是採用多首合詠一物的組詩章法。如〈臺北秋感〉以三首七律敘寫他在臺北所見到的經濟、社會以及外交各個層面的現象。

3、在首章概述寫作目的

　　施士洁〈臺江新竹枝詞〉第一首：

　　　　昌蒲綠酒正酣時，浪跡臺江譜竹枝。

　　　　一枕神雞游子夢，定情誰是可人兒。〔註22〕

　　這是全篇的發端，交代組詩寫作的原由，之後再分寫各項韻事。〈乙未除夕山齋題壁〉〔註23〕組詩六首，第一首概述乙未年被迫離臺而後回到祖籍的無奈：

　　　　匆匆廿載故鄉違，親已無多友更稀。

　　　　亭館久荒松菊在，溪山雖好釣游非。

　　　　傷心舊雨成黃土，到眼浮雲幻白衣。

　　　　我是遼東丁令鶴，百年華表始來歸。

　　後面的五首，則寫回鄉之後所觀察到的人事變化，以及今昔對照所引發的滄桑之感。

　　許南英〈臺感〉〔註24〕組詩共有六首，第一首云：

　　　　小劫滄桑幻海田，不堪回首憶從前！

　　　　某山某水還無恙？誰毀誰譽任自然！

　　　　我信仰天無愧怍，人譏避地轉顛連。

　　　　浮沈薄宦珠江畔，已別鄉關十六年！

　　他先在這裡說乙未世變後離開鄉關已十六年，有著深刻的滄海桑田的感慨，這正是這一組組詩所以創作的原由，接著就在後面的五首分別敘寫許氏家族遷居臺灣之後的演變發展、他這一世代被迫離臺的悽苦、日人對他的拉攏行動、臺灣被侵佔的反省、日人佔據之後臺灣的變化。

―――――――――――

〔註20〕收入世界河南堂丘氏文獻社編：《丘逢甲遺作》，頁103。

〔註21〕收入世界河南堂丘氏文獻社編：《丘逢甲遺作》，頁101。

〔註22〕張聖峰：《清代臺灣竹枝詞之研究》第六章〈清代臺灣竹枝詞的形式特色〉（臺北：文津出版社，1996年4月），頁162。

〔註23〕施士洁：《後蘇龕合集》，頁80。

〔註24〕許南英：《窺園留草》，頁82。

丘逢甲〈憶舊述今，次曉滄見贈十絕句〉〔註 25〕第一首先總述創作之因是時年流轉、人事皆非，心之所感不得時宜卻又不言不快：

> 莽莽乾坤歲又周，尊前人減舊風流。
>
> 江山滿目都非昔，不得人言意始愁。

接著後面五首則是「憶舊」的內容，如第三首：「涕淚何曾為酒悲，干戈滿地愴離思。流亡南渡誰收恤？愁說江淮唱義時。」再接著的四首則是「述今」，如第七首：「熱血填胸鬱不涼，騎麟披髮走南荒。未酬戎馬書生志，依舊吾廬榜自強。」

4、在末章或詩注交代創作動機

施士洁有詠史詩〈漢靈帝〉、〈晉惠帝〉、〈隋煬帝〉、〈唐哀帝〉、〈蜀後主〉、〈陳後主〉、〈南唐後主〉、〈北齊後主〉共八首並列，〔註 26〕他在最末一首的末句注云：

> 自古昏庸，恒汙史冊，可恨也，亦正可悲，然可憐也亦正可笑，彙
> 而詠之，權當塵談！

這一組詩八首各有主題，是可分開獨立的，但因作者於詩末附注說明寫作的目的，八首詩合成一組詩，也就彰顯了作者勸諷的用意。

5、首尾雙括式

施士洁〈壽鄭香谷部郎七十〉〔註 27〕是一組首尾雙括組合方式的組詩，共十首，第一首開端，寫住在新竹的壽星，末首是總結，寫為壽星祝壽的自己，中間八首採分述的方法，分別敘述鄭氏家族的發展、鄭香谷的成就、及鄭、施兩家兩世交誼，以及作者對壽星的祝延。

許南英〈秋懷八首和邱仙根工部原韻〉〔註28〕這一組詩的第一首云：

> 轉瞬光陰五十過，將羞白髮慰蹉跎。
>
> 咸同人物銷磨盡，歐亞風潮變幻多！
>
> 夢寐昨宵飛黑海，澄清何日問黃河？
>
> 離憂萬緒無從說，拔劍橫天斫地歌。

在這裡先說明這一組組詩所以創作的原由，接著中間的六首則分別述寫

〔註25〕丘逢甲：《嶺雲海日樓詩鈔》，頁 66。

〔註26〕施士洁：《後蘇龕合集》，頁 220。

〔註27〕施士洁：《後蘇龕合集》，頁 140。

〔註28〕許南英：《窺園留草》，頁 86。

離臺之後的遭逢，而最末一首說：

> 千山落木響蕭蕭，盡作秋聲起怒飆。
>
> 服嶺十年邊地涩，長安萬里故人遙！
>
> 書生立鶴名留洛，刺史驅魚政在潮。
>
> 老去百無能一事，胸中塊壘未全消。

是以十多年來浪跡異鄉的感嘆來作結束，這種結構的安排，如同一前一後的括弧，將分述的各首詩作夾在其中。

丘逢甲〈說潮〉〔註 29〕二十首，第一首是組詩的開端，概述潮州的歷史及地方發展，云：

> 大江日夜東，流盡古今事。安知古惡溪，今乃名善地。
>
> 嚴城濱江立，置守稱郡治。城北為金山，銀山自西至。
>
> 日夜金銀中，最難得廉吏。西北氣肅殺，害常寓于利。
>
> 韓山何峨峨？隔江若相避。千古侍郎亭，獨無金銀氣。

組詩的末首則寫道：

> 述祖非無人，譜牒多不全。安知臺海客，東風引回船。
>
> 居潮而言潮，稽古為悠然。先疇尚可服，舊德猶能傳。
>
> 東南此雄鎮，保世心拳拳。

這是整組組詩意思的收束，說自己能居潮言潮乃一因緣，希望寫下這一稽古傳德的組詩激勵士人重振粵風。這一前一後的兩首詩，也是如同括弧般將中間分述與潮州有關的史事、人物的十八首詩夾括在其中。

6、以時間順序來串連

施士洁〈鄭稼田觀察招飲北郭園即席賦贈〉〔註 30〕組詩，第一首寫「到園」，第二、三首，分別寫「遊園」時所見的景緻，第四首寫園中「宴飲」及對主人的「賀頌」；整組組詩的章法安排是依照遊覽鄭氏北郭園的先後時間順序來敘寫的。再如〈同穹賓、仲異昆玉游虎溪白鹿洞〉〔註 31〕四首組詩，也是依照時間的先後順序安排而成的組詩：首先寫定約出遊、接著二、三兩首寫出遊沿途的情形，第四首則寫賦歸、辭別。

許南英〈臺灣竹枝詞〉〔註32〕十首，依時間次序分寫一年四季中的節日，

〔註29〕 丘逢甲：《嶺雲海日樓詩鈔》，頁 52。

〔註30〕 施士洁：《後蘇龕合集》，頁 17。

〔註31〕 施士洁：《後蘇龕合集》，頁 304。

〔註32〕 許南英：《窺園留草》，頁 10。

將臺灣的風土民情做了完整而生動的描述。而〈防匪〉〔註33〕六首組詩，先寫臨危受命、次寫匪徒作亂、招兵訓練、率兵平匪的過程，最後寫劫後歸來的百姓；這也是依事件發生的時間先後順序排列而成的組詩。另外，〈與謝石秋、星樓、林湘畹、黃茂笙遊岡山超峰寺中途遇雨〉、〈觀雨即事〉〔註34〕兩組組詩也都是這樣的章法安排。

以時間作爲線索來安排組詩的結構章法，除依時間先後寫成順敘之外，也可以加以變化寫成倒敘。如許南英〈重過桃都，贈家子榮子明昆季〉〔註35〕四首組詩，是以倒敘的方式安排次序的：第一首先寫來訪，次寫歡聚，第三首則憶昔日，最後是祝福對方。而〈臺感〉〔註36〕六首，第一首總括概述，第二首憶往，第三、第四首寫今日，第五首議論，第六首寫日據臺灣情形，組詩的章法仍是以時間爲經，但更爲跳脫活潑。

丘逢甲的〈說潮〉〔註37〕組詩共二十首五言古詩，整體結構來看是首尾雙括的安排，中間的十八首詩則全部按照時間先後順序排列，因此整組組詩井然有理、脈絡清楚。

7、隨意組合，不分別次序

施士洁〈舫山官樓夏坐〉〔註38〕六首詩作成一組詩，述寫閑坐官署所生發的各種遐思，或寫家人、或寫午寐、或憶臺灣炎熱的夏天、或思官務之責，各首之間並沒有密切的關係。

許南英〈己亥春日感興〉〔註39〕八首、〈和杜鵑南遊雜感〉〔註40〕八首、〈和陳丈劍門新秋偶興呈菽莊主人原韻〉〔註41〕八首、〈三水雜詩〉〔註42〕十四首等組詩，在章法的安排上和施士洁〈舫山官樓夏坐〉是類似的方法，各首都是針對題目發揮寫成的，但是之間並沒有緊密的關係。

丘逢甲〈澳門雜詩〉〔註43〕共十五首七絕，各首分詠歷史、文化、景觀、

〔註33〕許南英：《窺園留草》，頁 30。
〔註34〕許南英：《窺園留草》，頁 109、頁 62。
〔註35〕許南英：《窺園留草》，頁 54。
〔註36〕許南英：《窺園留草》，頁 82。
〔註37〕丘逢甲：《嶺雲海日樓詩鈔》，頁 52～頁 58。
〔註38〕施士洁：《後蘇龕合集》，頁 206。
〔註39〕許南英：《窺園留草》，頁 51。
〔註40〕許南英：《窺園留草》，頁 175。
〔註41〕許南英：《窺園留草》，頁 149。
〔註42〕許南英：《窺園留草》，頁 79。
〔註43〕丘逢甲：《嶺雲海日樓詩鈔》，頁 135。

宗教等事，看似隨意組合而成，但內容都與澳門有關，統合起來即呈現出澳門風土的全貌。〈饒平雜詩〉〔註44〕十六首，分別述寫饒平的藝文、史事及景觀，也是隨意組合形式的組詩。

這樣的組詩各首詩之間並非沒有連繫，但是連繫的力量比較鬆脫。

除了上述的各種章法安排之外，海東四子組詩的章法又有比較特殊的技巧，分述於下：

1、頂真技法

所謂頂真技法，是在前詩的最末句與後詩的開端使用相同的詞語，而產生前詩咬後詩、後詩銜前詩的串連作用，使得組詩在形式的表現及詩意的發展上都產生緊密的關係。如許南英〈送邱菽園觀察回海澄〉〔註45〕：

一刺來投萬里奔，主人先我返邱園。
幾囊束筍新詩卷，雙袖酬花舊酒痕。
冀北乍欣逢伯樂，汝南翻悵別陳遵。
窮途作客真無奈，多少心胸未敢言。

多少心胸未敢言，星洲何處是龍門？
功名厄我終安命，筆墨逢君亦感恩。
別酒忍添遊子恨，靈旗長護大夫魂！
明年春水漳江綠，為我呼童一啓軒。

又如丘逢甲〈元夕無月〉〔註46〕一詩也是類似技法，第一、第二首之間以及第三首、第四首之間頂真方法的運用很明確，其他的則有稍微變化，但頂真手法依然可見：

滿城燈市蕩春煙，寶月沈沈隔海天。
看到六鰲低有淚，神山淪沒已三年。

三年此夕月無光，明月多應在故鄉。
欲向海天尋月去，五更飛夢渡鯤洋。

鯤雲夢斷夜潮寒，佳節偏憐見月難。

〔註44〕丘逢甲：《嶺雲海日樓詩鈔》，頁113。
〔註45〕許南英：《窺園留草》，頁39。
〔註46〕丘逢甲：《嶺雲海日樓詩鈔》，頁51。

十二樓臺春寂寂，滿身花露倚欄干。

倚闌痴待月華來，萬斛春愁酒一杯。
恨煞蠻雲遮隔住，東風無力爲吹開。

蠻雲黯黯海天昏，冷對春燈憶夢痕。
今月縱明輸古月，更無人說奪崑崙。

2、韻腳採用同一字

施士洁有數組組詩的韻腳採用同一字，因此在形式上更顯得整齊，是作者對創作的挑戰，也有炫技之意，如〈五月二十日同人餞別米溪於鷺江市樓，即席次米溪韻〉組詩，每首的首句都用「親」字，次句都用「人」字押韻，末句的韻腳都用「春」字：

數載論交硯席親，詠觴今夕餞騷人。
琴聲零落海天遠，不見吾師方子春。
鞍馬勞生髀肉親，干戈滿地愴征人。
櫻花若個奇男子，自鏡朱顏正好春。
塵中無處著天親，誰是桃源洞裡人？
我愧柴桑陶處士，歸來猶戀武陵春。
每搔短髮念君親，垂老翻爲失路人。
三尺寶刀三寸筆。一場孤負少年春。〔註47〕

施士洁〈雁汀病後來詩索和，疊韻復之〉〔註48〕這一組詩也是這樣的形式安排：四首詩的首句都是用「天」字，次句韻腳都是「蟬」字，末句都是用「邊」字。又有〈米溪臨別觴予於浪嶼公廨，出示所藏古硯數十，詩以紀之；田次其韻〉〔註49〕四首，首句都用「山」字，次句都用「關」字押韻，末句都用「還」字；〈毓臣席上次米溪韻〉〔註50〕三首，第二句都是押「年」字，末句都押「仙」字。而〈和蠻叟「鴻雪堂詩」韻，時將有遼東之行，酒綠燈紅，感懷贈別〉〔註51〕一詩也是一樣的技法，但稍作變化，組詩共四首，兩首爲一單位用相同字爲韻腳：

〔註47〕施士洁：《後蘇龕合集》，頁148。
〔註48〕施士洁：《後蘇龕合集》，頁302。
〔註49〕施士洁：《後蘇龕合集》，頁145。
〔註50〕施士洁：《後蘇龕合集》，頁125。
〔註51〕施士洁：《後蘇龕合集》，頁169。

善和坊裡李端端，權藉風懷慰去官。
一枕迷離鴻雪夢，遊絲綰住日三竿。
浪蘂浮花遠筆端，綺才甘讓鄭都官。
狂奴故態何曾減？猶自當筵舞柘竿。
風月多情如此月，滄桑小劫奈何天。
空餘鐵血心頭熱，越石長戈士稚鞭。
窮途夸父猶追日，孤憤靈均欲問天。
東望遼雲吾老矣，期君努力一加鞭。

三、序、引

　　海東四子在詩前附有序、引的作品數不少，施士洁詩前附序的共有十一篇，數量是比較少的，他最長的一篇詩序是〈感事呈顧緝庭廉訪，即送之任臺南〉。〔註52〕許南英共有三十篇詩序，但是他在詩題較短的詩作前才會附有詩序，長題的作品就沒有再附序。丘逢甲詩作附序的共有三十二篇，其中有六篇是《柏莊詩草》裡的作品，他三十二篇的序文中，除少數幾篇是短文外，幾乎都是長達數百字的長文，而且以很長的篇幅敘述史事、考證史事，他有意「記史」、「補史」的動機明白可見。

　　一般說來，作者自己所寫的序文通常是為了交代寫作的原因、經過，或說明寫作的體例，海東四子的序引所發揮的作用則更為多元。下面依據四子詩歌的序、引寫作目的分類，並列成簡表於下：

	施 士 洁	許 南 英	丘 逢 甲
解釋題意	〈題王純卿司馬劍潭夜光圖，即用高偶丞吏部韻〉頁21 〈淡北陳母邱太宜人煉丹活子徵詩冊，為其令嗣少白茂才題〉頁29 〈鄭女篇〉頁199	〈五妃墓〉頁13 〈閑散石虎墓〉頁14 〈夢蝶園懷李茂春先生〉頁15 〈綠荔〉頁59 〈林投帽〉頁113	〈白馬鄉有懷明義士賴若夫先生〉頁237 〈烈婦墩行〉頁303 〈為家芝田題其先祖裕敏公遺像〉頁310 〈子游泥〉頁346 〈新池石闕篇〉頁351
說明寫作原因	〈感事呈顧緝庭廉訪，即送之任臺南〉頁59 〈題朱素秋道裝畫蘭小照〉頁67	〈奉和實甫觀察原韻〉頁29 〈弔吳季籛參謀〉頁30 〈和吳質欽司馬原韻〉頁43 〈和秋河送原韻〉頁43	〈牡丹詩〉頁85 〈棉雪歌〉頁101 〈畫蘭曲〉頁152 〈南園感事詩〉頁240

〈讀劉爵帥與法夷書，和星皆韻〉頁 327 〈金縷曲〉頁 336 〈前調〉頁 337 〈高陽臺〉頁 340	〈也是園席上和夢盦〉頁 44 〈猗蘭歎〉頁 73 〈上易觀察實甫〉頁 81 〈輓友〉頁 87 〈贈日本根岸辰雄君〉頁 88 〈別馬亦籛徵士〉頁 160 〈弔梅〉頁 166 〈秋日懷人〉頁 195 〈破墨臺〉頁 199 〈自壽〉頁 200	〈白鵲〉頁 291 〈有憶，疊前韻〉頁 334 〈離臺詩〉頁 365 〈老番行〉《柏莊詩草》頁 13
解釋題意及說明寫作原因	〈李烈姬詩〉頁 201	〈黃菓〉頁 59 〈芒核〉頁 200	〈古銅兵器歌〉頁 249 〈題冰霜儷潔圖〉頁 306 〈紀夢詩〉頁 308 〈大甲溪歌〉《柏莊詩草》頁 207 〈割花歎〉《柏莊詩草》頁 112 〈蟲豸詩五十首〉《柏莊詩草》頁 52
說明寫作原因及作品的體例		〈重過桃都，贈家子榮子明昆季〉頁 54 〈題蘇文忠遺像〉頁 58 〈留別陽春紳士〉頁 68 〈和易實甫觀察原韻〉頁 77 〈己酉除夕〉頁 87 〈題螺山先生詩集〉頁 97 〈贈蕭蓮卿女史〉頁 125 〈贈黃旦梅〉頁 167 〈壽蟬窟主人〉頁 189	〈野菊〉頁 8 〈嶺南春詞〉頁 203 〈禽言〉頁 211 〈山蘭〉頁 292 〈飲香江酒樓，即席作〉頁 339 〈臺人輿頌篇上維卿師〉《柏莊詩草》頁 96 〈夢中神劍歌〉《柏莊詩草》頁 61
稱頌題贈對象	〈題省長張君常詩集〉頁 222		
解釋題意、說明寫作原因及作品的體例			〈題東山楊子仙廟〉頁 2 〈王姑庵絕句十六首〉頁 49 〈和平里行〉頁 83 〈古大夫宅下馬石歌〉頁 152 〈南漢敬州修慧寺千佛鐵塔歌〉頁 153 〈南巖均慶寺詩〉頁 162
數量合計	11	30	32

　　依照海東四子的序文內容來看，海東四子詩作的序引除了說明寫作的目的之外，常又提供了許多資料，以下是就其序引的內容分析再加以分類，並列項說明，我們可以發現海東四子在序引中留下了許多的文獻史料：

（一）風土景物的描繪

　　許南英有幾篇詩序記錄了臺灣及南洋農業植種的狀況，如〈黃菓〉詩前序云：

> 臺灣志載：「黃菓曰檨。」考字彙無「檨」字。志注云：「以菓之佳，令人可羨，故以檨名；內地鮮有之者。」徐聞此菓名「黃菓」，即臺灣之「檨」也，味亦相同。食之有感。〔註53〕

〈林投帽〉亦有序曰：

> 林投亦名「露兜」；產臺灣，果葉似波羅。農家植之隴陌，間以為藩籬。近時工師取其葉製帽，柔潔可愛。〔註54〕

　　至如〈芒核〉詩序，則根本是可以獨立出來，成為介紹南洋風土作物的小文了：

> 芒核一名紅竹，產交、廣及南洋諸島，八、九月間熟。形如蘋果，皮堅而厚，漿汙衣巾作淡紅色，滌不能淨。果四、五核；核外周有瓤，色白多漿，味甘涼可口，比之巫人所嗜流連子，滋味不可嚮邇焉。若論果品，南洋當以芒核為冠。恆心園多此樹，果熟即為園丁盜去，然市上亦有賣者。昔李芝翁有佳果五爵之封，予亦效尤作詩以紀其美。〔註55〕

　　丘逢甲〈大甲溪歌〉詩前序文長達三百多字，序云：

> 溪界臺苗間，源發大烏山野番界，於全臺諸溪險為最；石森立，亦甲諸溪。入海處，橫徑五六里，夏秋滔潦，連月阻渡，每熱風起，水輒漲濁，不必雨也。最後為白露，水渾黑一、二日許，過此乃漸落，可成梁矣。出石鰈魚，大小寸許，黑質微斑，千百為隊，皆從王；王獨紅色，如南屏金鯽狀；得王，則羣不去，如蜂然，可為鮓。又出䱥魚，多肉少刺，不常出，出輒歲荒無種。土人云檺，樹花所化，溪頭甚小，漸出漸巨，末流乃尺許。檺讀若豪，讀若決，皆俗

〔註53〕許南英：《窺園留草》，頁 59。
〔註54〕許南英：《窺園留草》，頁 113。
〔註55〕許南英：《窺園留草》，頁 200。

音俗字。亦如番様之様，音蒜，爲字書所無也。發源處時吐火，水溫可浴，野番云又出水晶，大徑尺、小徑寸，如石狀，番時出鬻人，特不可多得。其支流漑田苗十之一、臺五之四，利亦普矣，所病者夏秋涉耳！庚辰辛巳間，西林岑中丞役臺民，于不流墨石隈，渡以鐵橋；中丞去，隈圮橋壞不可復，蓋潦之爲害云。潦固溪性，夏秋固潦時，不□落而爭之，誠未可以人力爲也。〔註56〕

丘逢甲在序中除詳述大甲溪洶湧奔流之險狀、職司整建之記錄，也介紹了溪中各種鱗魚介殼、溪流沿岸不同的植被物種，更有物名音韻的考訂，寫得豐饒繽紛、淋漓盡致，也爲當年的大甲溪做了最佳寫錄。這篇詩序除可對詩作內容有加強說明的作用外，其實亦可單獨成立，是描述臺灣中部河川景物的佳作，也可以裨補方志風土的內容。

（二）寫作背景的說明

施士洁〈次韻〉：

> 甲辰五月二十夕，與黃采侯、幼垣昆、王蒜園、許子山、鄭毓臣、養齋諸同人公餞米溪詞兄於禾江市樓；酒酣，米溪爲布袋和尚之歌戲贈阿毓，一坐拊掌，復唱三絕，以紀斯會。行將別矣，不佞桹觸疇曩，烏得無言，用次元韻，錄請印正。〔註57〕

在這段詩序裡，將詩友雅集的時間、地點、人物都交代得清清楚楚，當時文酒相歡的種種情態也有傳神精彩的描繪，這對詩作內容的閱讀了解自然幫助不少，也留下一筆文人雅集的記錄資料。

許南英〈猗蘭歎〉序曰：

> 丙午春日，兒童握蘭花十數箭，安插膽瓶。詰其所來，蓋一箭五錢買來者。兒童喜其價廉，予轉惜其物賤；意賣花俗子，不知其品之貴也。雖然，世有貴品而賤售如蘭者，豈少哉！作〈猗蘭歎〉。
>
> 〔註58〕

「貴品而賤售」，這是許南英所以爲猗蘭歎惋的原因，而「世有貴品而賤售如蘭者，豈少哉」，才是許南英無奈慨嘆並進而創作的眞正理由。「丙午」年乃光緒三十二年，所以會有這樣深沈的感懷，正因爲許南英在陽江縣令任

〔註56〕丘逢甲：《柏莊詩草》，同注15，頁39。
〔註57〕收入陳漢光：〈鄭鵬雲的詩作及其他〉，《臺灣文獻》第18卷第4期，1967年。
〔註58〕許南英：《窺園留草》，頁73。

上遭遇許多不順利，更因此而被議部開去三水縣本任的關係。

　　許南英在〈己酉除夕〉詩序中對這一首詩作創作因由的說明，能讓讀者更加體會到詩作蘊藏之意涵，序云：

　　　　讀《尤西堂全集》，有〈己酉除夕〉、〈庚戌元旦〉二首。予任三水，適值己酉，庚戌，即用原韻，援筆偶成，聊消閒耳，詩云乎哉？〔註59〕

　　丘逢甲〈割花歎〉序云：

　　　　臺市每冬令水仙花船由廈來，千筐百簍，堆積盈肆，礧礧者皆花葉未萌也，市儈割其本之半，種之盆盎以售。葉茁則拳曲，花早吐短幹間，蕊小于常，亦易謝，雖復楚楚，全無天然致，蓋剝削已甚，眞氣內損。花如有知，應自歎所遇之不幸耳！市人願群以爲美而效之，是可歎也！〔註60〕

　　丘逢甲爲水仙花不幸遭遇而發的慨嘆，是他所以創作的原因，序文中除說明創作背景之外，也讓我們知道當時花販爲搶做生意而違反大自然秩序的行爲。致於詩中言「世間賞鑒無眞美，洛神避妒獨翔立」，則創作此詩是有其諷諭的用意。丘逢甲爲說明寫作背景的詩序甚多，如〈禽言〉序：

　　　　越鳥巢南，異音震耳，以別常聞，爲宣厥臆，賦禽言。〔註61〕

　　又有〈野菊〉：

　　　　尋秋東皋，有金英爛然於隴之畔，開不後時而乃無賞者。喜其獨秀而復傷其不遇也。長言詠歎，豈曰不宜？〔註62〕

　　再有〈白鶴〉序：「居仙人舊館之月，有白鶴集庭，因而賦之。」〔註63〕〈畫蘭曲〉序：「謝生爲李生畫蘭石帳額，走筆爲書此。」〔註64〕〈牡丹花〉：「春風醉客，百感叢集，鼠姑花信，珊珊來遲。南中芳序，舛午異聞。羈懷無端，根觸綺緒。剪燈展素，哀然成詠。夫金萱忘憂，青棠蠲忿。草木何知？我聞如是。來者未已，歌匪告哀。亦曰聊借奇花，舒此鬱抱云爾。」〔註65〕

〔註59〕許南英：《窺園留草》，頁87。
〔註60〕丘逢甲：《柏莊詩草》，頁112。
〔註61〕丘逢甲：《嶺雲海日樓詩鈔》，頁211。
〔註62〕丘逢甲：《嶺雲海日樓詩鈔》，頁8。
〔註63〕丘逢甲：《嶺雲海日樓詩鈔》，頁291。
〔註64〕丘逢甲：《嶺雲海日樓詩鈔》，頁152。
〔註65〕丘逢甲：《嶺雲海日樓詩鈔》，頁85。

還有〈古銅兵器歌〉序：「德侯侄葬其父覲臣明經于粲岡，工人掘墓下得古銅斧一、銅戈頭一、銅匕首一，古澤盎然，可寶也，因為作此。」〔註66〕〈古大夫宅下馬石歌〉序：「石在嘉應州北門。有黃氏築宅，擔土得古鎮宅錢以告公度京卿，詢其地曰下馬石，走視，因得此石，有文曰宣和四年古大夫宅立。大夫者，蓋古革也。京卿以摺文見示，乃為作歌。」〔註67〕〈夢中神劍歌〉序：「寒食前一日，夢與亡友汝脩同登一峰，極頂，同賦七言古詩；覺，止記四句，為足成篇，以夢中語作落句。」〔註68〕〈離臺詩〉序：「將行矣，草此數章聊寫積憤，妹倩張君請珍藏之，十年之後，有心人重若拱璧矣。海東遺民草。」〔註69〕

丘逢甲這些或長或短的序引，或寫時人、或寫古物，或繪植物、或繪動物，或述夢境、或述現實，……總括而言，這些序、引所以寫作的目的，都在說明詩作創作的原因，有說明作意並闡發詩旨的作用。

（三）個人心志的表達

施士洁〈感事呈顧緝庭廉訪，即送之任臺南〉序：

> 長安米貴，短鋏歸來；大海萍飄，扁舟何處？敝裘蘇季，始識百金作官之難；投筆班生，最存萬里封侯之想？雙管欲禿，一□□煎，薇署清嚴，借鷦枝以託羽；「榕壇」岑寂，對馬帳而汗顏！終歲衡茅，寸心灰木，何意短狐善射，莫避含沙；故鬼相尋，輒來瞰室。遂使杯弓幻影，燭斧生疑，屈子問天，憤作離騷之賦；王郎斫地，酣歌抑塞之才，嗚呼晚矣！猶幸鳥言公冶，鑒□□辜，蠆尾國僑，置之不論，墉雖穿其何損，璞以斷而仍完。嗟夫！苦海茫茫，賴慈航於我佛；虛堂耿耿，仰明鏡於神君。世有牙、期，可以不恨；人非木石，豈能無情？從茲八百孤寒，齊下恩門之淚；萬千色相，都銷造劫之塵。感極驅毫，猝為布臆而已。〔註70〕

這篇委屈怨恨、牢騷滿腹的序文內容，限於資料無法考證清楚事情的來龍去脈，但是，已讓我們知道施士洁在海東書院山長任上時曾遭受誣謗陷害，

〔註66〕丘逢甲：《嶺雲海日樓詩鈔》，頁249。
〔註67〕丘逢甲：《嶺雲海日樓詩鈔》，頁152。
〔註68〕丘逢甲：《柏莊詩草》，頁61。
〔註69〕丘逢甲：《嶺雲海日樓詩鈔》，頁365。
〔註70〕施士洁：《後蘇龕合集》，頁59。

故憤而作詩以明志，最後因爲得到顧緝庭明審而得澄清，施士洁亦表達感激之意。

施士洁〈金縷曲〉詩序云：

> 姬來歸十年矣。丁酉五月，予客臺江，養痾媚香樓上。姬以是月朔，
> 疫死西岑。予讀家書，病增劇。媚香主人親爲量藥稱水，欸惜備至。
> 予既悼姬之年雛命薄，而又感主人之交久意眞也。口占此闋以示主
> 人，彼此共爲一哭而已。〔註71〕

有了這篇詩序，我們也才能明白施士洁這一闋詞作內容中所悼亡追念的對象、以及此人逝世的時間、原因。

許南英〈和秋河送行原韻〉詩引云：

> 近將告歸，此心欲碎。復承秋河見惠佳章，廻環雒誦，情見乎詞。
> 李謫仙云：「桃花潭水深千尺，不及汪倫送我情！」秋河殆有過之無
> 不及也。月影橫窗，移燈覓句；即用原韻，聊寫離懷。〔註72〕

〈重過桃都，贈家子榮子明昆季〉序：

> 庚子春仲，於役潮州；重過桃都，宿家子榮、子明里第。迴憶乙未
> 由臺南倉惶內渡，眷口之外，別無長物；蒙主人敦推解之情、任寄
> 託之責，予始入都，改官來粵，今日來遊，不勝感念！率成四章，
> 以誌高誼。〔註73〕

許秋河以及許子榮兄弟對內渡後生活尚未安定的許南英伸出援手，他們的建議也影響了許南英後半輩子的生活，許南英在這兩篇詩序中所抒發的，是他在季世亂離之際對溫暖、眞摯友情的珍惜與感恩。

民國五年，許南英第二次回到臺灣，再次與舊識女校書見面，並題寫〈贈黃旦梅〉相贈，詩前有序云：

> 「百千萬劫滄桑感，二十三年花月痕」；蘊叟壬子贈題旦梅舊句也。
> 丙辰來遊，重過其處，買醉終宵；百端交集，與謝籟軒戲用此聯續
> 成一律。〔註74〕

這篇詩序中交疊著三個時空：許南英離臺之前、民國元年許南英首次回

〔註71〕 施士洁：《後蘇龕合集》，頁336。
〔註72〕 許南英：《窺園留草》，頁43。
〔註73〕 許南英：《窺園留草》，頁54。
〔註74〕 許南英：《窺園留草》，頁167。

臺、民國五年許南英第二次回臺，這三個交疊的時空，意味著滄海桑田、人事皆非，這些不堪論說的前塵舊事其中況味之悲、之苦，令許南英「百端交集」，卻又無法言宣，這滿懷的心事就寄託在一首七言律詩五十六個字裡。

許南英〈留別陽春紳士〉：

> 權陽春篆僅六月耳，忽奉檄調署陽江。自愧任事未久，興學、教民、清鄉、治盜多留缺點；清夜自思，百端交集。偶成六章，用誌吾過。
>
> 〔註75〕

許南英〈自壽〉：

> 憶在陽江任時，彼都人士合陽春紳民為予祝五十初度。久擬作詩，以匪氛未平，匆匆置之。予年六十，被任為龍溪縣長，鄉人復進酒祝予。顧德業不加，垂老無成；中心抱歉，難以言喻。丁巳年南遊，又逢賤誕；涉筆賦此，聊寄情懷。十月初五日，英識。〔註76〕

許南英對於出仕的看法是：「一個人出仕，不做廊廟宰，當作州縣宰。因為廊廟宰親近朝廷，一國大政容我籌措；州縣宰親近人民，群眾利害容我乘除。這兩種才，是真能為國效勞底宰官。」〔註77〕這兩首詩序裡流露出身為地方官吏的許南英對自我的督促與護愛百姓的感情，正是他這種仕宦態度的實踐。

丘逢甲〈紀夢詩〉序：

> 十二月初二夕，夢一道士贈圖三幀。第一圖道衣冠上題云：風塵瀕洞欲何之？西岳仙雲出獨遲。他日經綸誰不識？最難知是在山時。夢中欲易其落句，道士曰：已定，毋易。閱第二圖，甲而仗劍將軍也。三圖冠服雍容如朝士，上均無題識，覺而不知所謂。姑為二詩以紀之，此則真所謂痴人說夢矣。〔註78〕

雖然丘逢甲在文末自言「此則真所謂痴人說夢矣」，但這段序言所描述的夢境景物，丘逢甲表達出他對自我的期望：一、第一圖雖是道衣冠，卻「他日經綸誰不識」，二、第二圖是「甲而仗劍將軍」，三、第三圖是「冠服雍容如朝士」。這夢中三幅圖象意涵和丘逢甲的一生不謀而合了。

〔註75〕許南英：《窺園留草》，頁68。

〔註76〕許南英：《窺園留草》，頁200。

〔註77〕許贊堃：〈窺園先生詩傳〉，收入許南英：《窺園留草》，頁243。

〔註78〕丘逢甲：《嶺雲海日樓詩鈔》，頁308。

　　丘逢甲在早期的作品〈窮經致用〉中曾說：「欲布知時甘雨，願乘破浪長風，他年位若至三公，定有甘棠雅頌。」〔註79〕顯示他有封侯之想。中進士之後他請假歸籍，但是其中曾有過仕或不仕的矛盾掙扎，在〈得友人書述懷奉答四十韻〉：「將書置懷袖，沈吟未忍覆。豈不願要官，思之已爛熟。」〔註80〕還有〈乞歸已逾三載感賦〉詩：「惆悵尹琴操裡音，此生終恐誤山林。」、「賣文自悔生涯拙，桃李門前春又深。」〔註81〕都是在仕與不仕間的猶豫考量。

　　丘逢甲在〈為家芝田題其先祖裕敏公遺像〉詩序中則為家族先輩的事蹟留下記錄，可做為族譜的資料：

> 公生明季，起家百萬，鼎革後，潮迭經兩叛鎮之亂，富民罹禍者眾，公預祝髮棄家而遁於汀，故家雖落而身完，子孫亦蕃衍，不可謂非智也。亂定歸潮，築庵于波羅房而老，今遺像仍僧裝云。〔註82〕

（四）文獻史料的保存、考證

施士洁〈題王純卿司馬劍潭夜光圖，即用高個丞吏部韻〉：

> 劍潭寺在淡水廳北三十里，潭深數十丈，夜輒有光。相傳潭有荷蘭古劍；或云潭邊有茄冬樹，荷蘭人以劍插之，樹生皮合，劍在其內，故名。〔註83〕

許南英〈閑散石虎墓〉：

> 臺南南城外有法華寺，即明末李正青夢蝶園故址也。其北畔一古墓，題曰「閑散石虎之墓」。考志乘，臺灣流寓並無其名，意亦正青之流亞歟？正青先生名茂春。〔註84〕

〈夢蝶園懷李茂春先生〉：

> 李先生，龍溪人；明末進士。避亂，隱於臺灣。〔註85〕

以及〈五妃墓〉：

> 墓在臺南城外新昌里，墓碑題曰「明寧靖王從死五妃之墓」〔註86〕

〔註79〕丘逢甲：《柏莊詩草》，收入《丘逢甲遺作》（臺北：世界河南堂丘氏文獻社，1998 年 12 月），頁 117。

〔註80〕丘逢甲：《柏莊詩草》，收入《丘逢甲遺作》，頁 20。

〔註81〕丘逢甲：《柏莊詩草》，收入《丘逢甲遺作》，頁 17。

〔註82〕丘逢甲：《嶺雲海日樓詩鈔》，頁 310。

〔註83〕施士洁：《後蘇龕合集》，頁 21。

〔註84〕許南英：《窺園留草》，頁 14。

〔註85〕許南英：《窺園留草》，頁 15。

這些短序，都是有關臺灣的文史、古蹟資料，可以補充方志所需，而這些史實也藉著詩人的詩作傳世。

丘逢甲〈白馬鄉有懷明義士賴若夫先生〉序云：

> 先生名其肖，字若夫，鎮平白馬鄉人，明諸生。明亡，起兵奉先朝正朔，守縣境者數年，屢敗清兵。及勢不支，乃遯去，不知所終，乃明之完節士也。先生童年嬉游，塾師責之曰：若夫爲不善。即答曰：若夫豪傑之士。其自命如此。白馬鄉今猶分忠孝節義四旂，傳爲先生遺制。明稗史皆作潮陽人，而通鑑輯覽從之。鎮平時猶屬潮州，當因此誤云。〔註87〕

這篇序文是記史之作，其中對賴其肖的籍貫重作校正，是丘逢甲用心讀史、費心考證的表現。丘逢甲另有〈南巖均慶寺詩〉、〈和平里行〉、〈南漢敬州修慧寺千佛鐵塔歌〉三篇序文，都是「弔古慨今」之作，在四子的序文中特別顯眼，因爲都是數百字的長文。詩序如此寫法，顯得喧賓奪主，但是，充分發揮了記史、補史的效用。由於文長，此處僅引〈和平里行〉序文爲例說明：

> 和平里三字碑，爲文丞相書，潮中志乘罕有載者。潮陽縣志云：景炎三年十月，文丞相率師駐潮陽之和平里，討叛將劉興、陳懿。懿敗走，擒興戮於和平之市。按此即公集杜詩序所謂稍平群盜、人心翕然時也。興、懿故劇盜，歸正復叛降元者，故公詩序及史書皆書曰盜，從其朔也。志曰：「叛將」，定其後罪也。惟志以爲景炎三年十月則誤。應從史作祥興元年。是年五月已改元，十月不得復繫景炎。志蓋誤以明年方改元也。是役也，鄒沨、劉子俊兵皆會，潮中人士亦多效忠赴義者，故曰「人心翕然也」。逆懿已走，遂引元師襲公。於是，有五坡嶺之役。志云十二月二十日，與通鑑云閏十月者不合，然事較詳。志云：時公吞腦子不死，復還潮陽，見張宏正於和平里，大罵，求死不得。越七日，始見張宏範，不屈。宏範客禮之。時爲歲除前三日。祥興二年春正月，公遂發潮陽。陳懿後爲其子所殺云。謹按公駐潮陽於雙忠祠蓮花峰外事蹟，則在和平里爲多。里中今有文忠過化坊，即爲公作者。即先後駐此當較久，宜其得爲

〔註86〕 許南英：《窺園留草》，頁13。
〔註87〕 丘逢甲：《嶺雲海日樓詩鈔》，頁237。

里人作此書。縣志則永樂、景泰、成化、宏治四志均佚，今志則云
里舊名蠔墩，公始易今名，碑未載。又云：公在軍，常不寐，至此，
始安寢。信宿，以地氣平和，故名之。則父老傳聞，恐非公當時意。
此與里人所云：鐫公書於碑，樹之里門，蠔遂徙去者，意皆非事實。
蟲介舊有今無者，亦事之常。蠔非鱷比，徙何為者？但里人以此增
重公書，與韓公文作比例，意亦良厚，可姑存其説耳。書法厚重奇
偉，非公不能作，審為眞蹟。碑連龜趺，約高九尺。大字三，曰「和
平里」。每字高二尺許。小字九，曰「宋盧陵文山文天祥題」，每字
二寸許。碑陰亦有字，漫滅不可辨。光緒己亥春二月，逢甲來潮陽
過斯里，得拜觀焉。謹賦長句傳之，以告後人之憑弔忠節與志潮中
金石者。〔註88〕

　　由於和平里的三字碑「潮中志乘罕有載者」，因此，丘逢甲在此序文中明
白而仔細地敘史、辨史、考史、評史，將文天祥在和平里的相關史料都記錄
了下來，而「和平里」這一碑文中所刻之大字有多少、小字有多少，字體大
小各如何，所撰寫的內容又如何，在數百年風雨吹淋之後又呈現如何的跡
象，……他也都詳盡地一一做了記述。因為「潮中志乘罕有載者」，丘逢甲欲
讓詩歌、序文相輔相成，以發揮序文藉著詩作傳世，而記史、補史的目的明
白可見，就如丘逢甲自己在序文最後所說的：「謹賦長句傳之，以告後人之憑
弔忠節與志潮中金石者。」

（五）文學活動的記錄

施士洁〈淡北陳母邱太宜人煉丹活子徵詩冊，為其令嗣少白茂才題〉序：

癸酉歲，少白病危，宜人手製「秋石丹」服之，旋愈。宜人後夢乘
舟至劍潭寺，觀音菩薩賜以雪白藍衫。是歲二月十九觀音生日，無
疾而終。〔註89〕

〈李烈姬詩〉：

陳璧字完瑜，磺溪教坊女也。鹿川李雅歆，一見傾心，揮金脫籍。
大婦黃氏，長齋繡佛，璧皈依焉。未幾，李咯血死，璧服櫻膏以殉。
詩人洪月樵為徵題詠，以紀其烈云。〔註90〕

〔註88〕丘逢甲：《嶺雲海日樓詩鈔》，頁83。
〔註89〕施士洁：《後蘇龕合集》，頁29。
〔註90〕施士洁：《後蘇龕合集》，頁201。

丘逢甲〈烈婦墩行〉序云：

> 蘄州王鳳池妻何藻姑，夫死有劫醮者，經北山夫葬所，以剪斷髮並
> 刺喉死。州人黃雲鵠爲表墓曰烈婦墩。〔註91〕

這些詩序文字，除了記錄當時人、事的資料之外，我們也可以從這些詩序所述了解當時的徵詩文學活動，並窺知文士所注重的主題。這些序文中所述及的想法在今天看來顯得守舊，但是，在當時是表彰節義懿行的作法。

許南英〈題螺山先生詩集〉：

> 同鄉黃讓臣大使，出其尊甫《螺山先生詩集》請序。先生曾任陽江
> 分縣，亦鄉先達也；余何敢作序！作五古二十韻，當作題詞；並稿
> 歸之。〔註92〕

筆者未搜尋到《螺山先生詩集》一書的資料，此書想必是遺佚了，但是許南英這則序文爲它留下了雪鴻爪印，讓後人知道斯人、斯事、斯書。

丘逢甲〈南園感事詩〉序：

> 南園在文明門外，水木明瑟，爲前明粵中前後五子賦詩高會地，後
> 人即供俎豆于舊壇坫間。旁有宋三忠祠，故伊墨卿以君臣三大節詞
> 賦十先生題其門，陳東塾爲重書以揭之。其旁復有廣雅書局，皆南
> 園地拓也。兩廣學務處已借以治事。廣東學務公所仍之。前後在事
> 四子，暇輒爲詩鐘之會。當其寸香甫盡，鐘聲鏗然，鬭捷誇多，爭
> 執牛耳。復創爲表格，以積分法高下之。體制雖纖瑣，而與會者皆
> 興高采烈，以爲此樂不減古人。年來傷離歎逝，意興非昔，然其事
> 尚不輟至今。今年公所遷地，重重影事，思之憮然。張生六士有詩，
> 爲廣其意和之，幷索前在園諸子同作。〔註93〕

這篇序文則將文人承傳前賢風雅、詩友競詩鬭藝的樂趣做了詳盡的描述，其中流露出因人事變化而生的無奈情感也深刻動人。這種緬懷往事、感懷舊情的序文，其價值絕不在詩歌本身之下。

至於施士洁〈挽阿美女校書〉序中所記，則是當時文人風流逸事的側記，也爲女校書阿美留下記錄：

> 瀛北郡新竹邑垣有阿美校書者，本黃姓，碧玉小家女也，亭亭嫋嫋

〔註91〕丘逢甲：《嶺雲海日樓詩鈔》，頁303。
〔註92〕許南英：《窺園留草》，頁97。
〔註93〕丘逢甲：《嶺雲海日樓詩鈔》，頁240。

十三餘，即以色藝冠曹部，性復豪邁，揮金結客，有雌俠風。邑諸
名士互為庾語，目之曰西方之人焉。年十八，歸邑素封子，曰郭仲
亮。雖羅敷已嫁，然其豪邁之性故不減當日，邑人為唱廻波栲栳詞，
聞於退邇。仲亮烟霞錮癖，不計度支；彼美為司出納，以故太邱道
廣，一時文人顯者多從之遊。閩中林子珊太史、瀛南陳魯村觀察，
咸贈以詩；惜兵燹後已付一炬。邑有陳紉石貢士，相知最稔；人傳
其「欲別未甘留不得，累卿膽怯到天明」及「半褶求分羅帶去，寂
無人處嗅餘香」之句，可謂癡種。又有一聯云：「自知緣薄終難受，
敢謂情深竟屬虛。」嗣以紉石避地清溪，不復相見，兩情鬱伊而皆
賚志以歿；識者謂其終成吟讖云。〔註94〕

（六）社會時事的記載

施士洁寫於光緒十年〈讀劉爵帥法夷書，和星皆韻〉一詩的詩序，記錄
著西方列強視中國為魚肉，侵權佔地的霸道行徑，序云：

光緒癸未、甲申之歲，法、越構兵。越南本我屬國，法人魚肉視之，
賴義男永福邊關力守，累戰盡捷；復修書與法人，直斥其非，詞嚴
義正，洵足傳之不朽。廻環展誦，不能無詩，質之莘埃，其以余為
同志否？〔註95〕

丘逢甲寫於光緒二十六年的〈飲香江酒樓，即席作〉一詩的詩序說：

將之南洋，道出香江，二月八夕，友人邀飲于酒家之樓，群花侑觴，
徵歌竟夕。嗟乎！車雷夜走，是華夷離遝之場；花雨春霏，極文酒
雍容之樂。龍蛇起陸，倚劍問天；鶯燕昵人，持觴酹地。際茲盛集，
難已情言。首唱四章以先諸子。〔註96〕

在這裡記錄了當時已成為英國殖民地的香港歐亞雜夾、趙舞吳謳的紛亂
情形，看似繁華熱鬧，卻令丘逢甲感慨萬千。

許南英〈贈日本根岸辰雄君〉序云：

庚戌元旦之二日，有日本人根岸辰雄君來謁；余命五兒叔未通譯，
始知其為環球步行遊歷之士，離鄉已二年矣。曾遊西伯利亞、滿、
蒙、直隸及大江南北，今由浙、閩入粵，將溯西江而上梧州。臨行

〔註94〕 施士洁：〈挽阿美女校書〉，收入鄭鵬雲：《師友風義錄》，頁100。
〔註95〕 施士洁：《後蘇龕合集》，頁327。
〔註96〕 丘逢甲：《嶺雲海日樓詩鈔》，頁339。

索詩，率筆以贈。〔註97〕

這篇序文中寫出因為國際交通的便利，世界更為開放流通，人們為了追
求不同的夢想而離開家國，到其他的國家旅行，這是新時代的現象之一。

（七）交游對象及其相關資料

許南英〈奉和實甫觀察原韻〉詩序：

> 時局變遷，擬焚筆硯，承餘姚吳季籛寄和沅湘易實甫寓臺詠懷六首
> 原韻，並附實甫原唱，致言索和。展誦之餘，檐際雨晴，紙窗風裂，
> 依稀似有鬼神涕泣也。晚間伏枕效顰原韻，擒雜寡緒，錄呈季籛、
> 實甫、鹿岑諸公笑正。羅鹿岑名綺章，廣西人。〔註98〕

許南英〈和易實甫觀察韻〉詩序：

> 昨於汪辛伯同年處讀易實甫觀察原唱，辛伯與邱仙根各有和章。易
> 公於甲午渡臺，思挽危局，曾與酬唱。今讀其詩，悵然有感；即步
> 其韻，率成二章。〔註99〕

許南英〈上易觀察實甫〉詩序：

> 觀察於乙未年秋間渡臺，思挽危局，晨夕過從，相與唱和，為患難
> 中詩友。前簡放廣西龍州兵備，有「龍州賢大吏」之稱。今年改放
> 廣東欽廉兵備，來署廣肇羅。予以屬吏謁見，殷殷垂詢臺事，並送
> 叢刻奏疏、詩歌十卷，中多為割臺感憤之作。今讀是書，悵觸舊事。
> 〔註100〕

這三篇詩序，分別寫於光緒二十一年、宣統元年，比對在一起，有助於
我們了解許南英與易實甫交往的大概情形。其中〈和易實甫觀察韻〉序中云：
「易公於甲午渡臺，思挽危局。」應是誤記，易實甫入臺時間是在光緒二十
一年乙未才對。

而許南英〈弔吳季籛參謀〉這篇詩序是為勇敢抗日、義無反顧的英雄吳
彭年所寫的小傳：

> 季籛名彭年，為劉淵帥幕客；往來公牘；多其手製。高談雄辯，動
> 驚四筵。公餘之暇，不廢吟詠。乙未夏五月，臺北請援，劉帥偏閱

〔註97〕許南英：《窺園留草》，頁88。許南英：〈與韓國人李容機筆談有感〉一詩，亦
　　　　可看出當時世界旅遊的風尚。《窺園留草》，頁92。
〔註98〕許南英：《窺園留草》，頁29。
〔註99〕許南英：《窺園留草》，頁77。
〔註100〕許南英：《窺園留草》，頁81。

> 諸將，無可恃者；季籛毅然請行。領兵數營，至彰化八卦山遇賊，
> 諸軍不戰自潰，季籛獨麾七星旗與賊決戰；孤軍無援，困於山上，
> 中礮而死。嗚呼壯哉！〔註101〕

吳彭年以一介書生，臨危授命，誓死不移，其義薄雲漢的行爲令人感佩，許南英在廣東仕宦時曾特地去探訪、恤撫吳彭年的遺孤。

許南英在〈輓友〉一詩詩序中雖未點明，但比對其他史傳資料還是可以知道所弔輓之人乃蔡國琳，所以，這則序文是有關時人事蹟的記錄：

> 有臺友某者，爲臺名宿，家亦少康；中壬午鄉榜，有正人君子之目。
> 自臺讓地後，某不捨家產，首先回臺，請入日籍；鄉人鄙之，日人
> 亦貶詞焉。積產數萬，子女尚未婚嫁；聞於己酉九月病故，不禁爲
> 之慨嘆，率筆成此。〔註102〕

四、長　題

海東四子的創作中，字數達二、三十字的長題詩作處處可見，詩題字數多達四、五十字的也不少，更有寫成上百字的長篇詩題，這些詩題不僅是詩作的標題而已，其中，也蘊藏著足供考證的各種資料，或以補時事、或以證生平、或以明交游、或以知文獻……。以下，按四子詩作長題的內容做分類，分析四子創作廣泛運用長題的目的。

（一）說明創作背景及體製、用韻

施士洁〈和友疊前韻以「雨絲風片煙波畫船」八字冠於每句之首〉〔註103〕一詩，若非詩題中點明，我們恐怕無法知道「雨後春山碧映溪，絲桐響出小窗西。風光瀲灩飛新燕，片夢模糊破曉雞。煙裊早炊黃稻熟，波平遠浦綠楊齊。畫中領取詩中意，船外黃鶯恰恰啼。」這首詩，是施士洁的競技之作。而〈允白和「心」字韻七律三首，自瓻江郵寄鷺門；觸我吟懷，感書時事，疊韻答之〉〔註104〕詩題中則點出這是三首以「心」字爲韻的七言律詩組詩，

〔註101〕許南英：《窺園留草》，頁30。
〔註102〕許南英：《窺園留草》，頁87。連橫〈詩薈餘墨〉：「蔡玉屏山長以儒素起家，
　　　　積資三十餘萬，身死未幾，而產已破。叢桂山房之詩集不知能保全歟？或曰：
　　　　玉屏死而有知，不哭其詩之不傳，而哭其財之不守。」收入《雅堂文集》（南
　　　　投：臺灣省文獻委員會，1992年3月），頁294。
〔註103〕施士洁：《後蘇龕合集》，頁8。
〔註104〕施士洁：《後蘇龕合集》，頁229。

是爲回應許南英的唱和之作。再如〈高朗山文學出示彭紀南提帥墨梅索題，戲仿九言體〉〔註105〕以及〈陳遂園茂才患瘰十年，一割而愈，因仿袁隨園『告存七絕句』，徧索同人和詩〉，〔註106〕都在詩題中說明創作的原由以及作品的體製類別，我們也由此注意到施士洁得心應手仿作各類體製的詩作。

許南英〈與柯參戎月波會剿石梯、珠環土匪紀事六十韻〉〔註107〕這一詩題將詩作主題、創作手法及詩作體製都說明白了；而在〈邱仙根工部付書王伯嵩索畫梅，適余將之任徐聞，倚裝作畫應之，並題此詩〉〔註108〕這一詩題中，我們則看到詩人行旅匆忙之際，仍然應友朋之求作畫題詩的情意。

丘逢甲〈至郡城數日，即遊竹溪寺，與諸名士吟詠終日歸，見覽青叔及汝玉汝修兄步七十二峰羈客韻詩，依韻奉和〉〔註109〕這一詩題，記錄了丘逢甲父子一行人到府城臺南赴考，順遊當地名勝的行蹤，將他們賦詩吟志的快樂留下了一幅側影寫眞；而〈絜齋世丈以西園述懷集蘇六十韻詩見示，爲賦五古四章〉〔註110〕這一詩題則交代了詩作的寫作背景，以及詩作的體制、章數、用韻。

汪春源的作品中只有一首詩作是長題，即〈有賀春波翁善畫梅。今春航臺島，留數旬。予在蕃境，不得相見。翁臨去畫梅一幅，併題留別詩二絕，以寄予索和。次韻賦呈〉，詩題中說明這一組五絕詩作的寫作背景、體式，以及交游唱和的對象，也讓我們知道汪春源內渡之後曾經回臺。

（二）作者生平事蹟的記錄

施士洁〈避地鷺門，骨肉離邐數月矣，歲暮始復團聚。舉家乘小輪船赴梅林澳，風逆浪惡，不得渡，晚宿吳堡，感事書懷〉〔註111〕這一詩題寫下了他在臺灣民主國失敗後匆匆內渡、與家人在鷺門會聚、歸鄉路途中流離奔波的情形。而〈癸卯歲除，病幾殆而獲愈；新正戚友來賀，書此以博一笑〉〔註112〕這一詩題，則記錄了施士洁人生中大難不死的另一事例。〈立日，錢

〔註105〕施士洁：《後蘇龕合集》，頁 294。
〔註106〕施士洁：《後蘇龕合集》，頁 272。
〔註107〕許南英：《窺園留草》，頁 70。
〔註108〕許南英：《窺園留草》，頁 57。
〔註109〕丘逢甲：《柏莊詩草》，收入《丘逢甲遺作》，頁 119。
〔註110〕丘逢甲：《嶺雲海日樓詩鈔》，頁 347。
〔註111〕施士洁：《後蘇龕合集》，頁 79。
〔註112〕施士洁：《後蘇龕合集》，頁 141。

生文顯招飲海天吟社，坐有張堯咨、沈少彭箏瓠交奏。酒後，同黃雁汀、余雨農作。是夕，遲周墨史不至〉〔註113〕這一詩題，說明施士洁內渡之後，除菽莊吟社之外另外參與的另一詩吟社，他提到了吟社中的幾位社友，以及他們雅集的活動情形。

許南英〈丙戌偕徐仞千、陳梧岡兩同年來京會試，徐捷得工部，陳考得中書；吾已入彀，因對策傷時被放。二君強欲留余在京過夏，書此謝之〉〔註114〕這一詩題所記，是他首次赴京考試的同伴、考試結果以及得此結果的原因，許南英憂國憂時的情懷，在當時已表露無遺；而〈邱仙根工部以詩索畫梅，用其原韻應之。時仙根掌教崇文書院，而余辭蓬壺書院之聘〉、〔註115〕〈癸卯鄉闈分房襄校，和同鄉虞和甫鎖院述懷原韻〉〔註116〕和〈癸丑三月任命龍溪縣知事，視事日偶成〉〔註117〕這些詩題，則可做為印證許南英生平事蹟的資料。

丘逢甲〈重過臺南道署，憶自丁亥入署讀書，文酒之會極盛；至園亭新築，唱和之作哀然成冊。覓舊夢而難忘，思墜歡之莫續，用前淨翠園即事詩韻，賦寄維卿師。時師方入覲，將南還也。〉〔註118〕提供了作者入海東書院就讀的時間，以及受唐景崧禮遇、文酒相會之歡，至於提及唐景崧入覲一事，則可以做為考證唐景崧年譜的資料。

光緒二十七年，丘逢甲作有〈為潮人士衍說孔教于鮀浦，伯瑤見訪有詩，次韻答之〉〔註119〕一詩，讓我們知道丘逢甲對推行孔教之用心。這一則詩題也可以做為印證丘逢甲生平事蹟的資料。

（三）友朋交游活動的側錄

施士洁〈浴佛前一日，唐維卿廉訪招同倪耘劬太令、楊穉香孝廉、張漪菉廣文、熊瑞卿上舍、施幼笙茂才遊竹溪寺，次廉訪韻〉〔註120〕及〈泉垣旅次，呂厚菴文學自臺中三角莊來，贈予日槧宋林和靖、明高清邱二詩集。厚菴父汝玉上舍、叔汝修孝廉，予二十年前友也〉〔註121〕兩詩題，讓我們

〔註113〕施士洁：《後蘇龕合集》，頁294。
〔註114〕許南英：《窺園留草》，頁7。
〔註115〕許南英：《窺園留草》，頁24。
〔註116〕許南英：《窺園留草》，頁66。
〔註117〕許南英：《窺園留草》，頁133。
〔註118〕丘逢甲：《柏莊詩草》，收入《丘逢甲遺作》，頁91。
〔註119〕丘逢甲：《嶺雲海日樓詩鈔》，頁174。
〔註120〕施士洁：《後蘇龕合集》，頁52。
〔註121〕施士洁：《後蘇龕合集》，頁94。

看到詩人們文酒相會、雅集歡吟的熱鬧，也可以了解詩人的交游對象及交游情形。

許南英〈暮春感懷，兼呈林致和孝廉、王泳翔茂才、陳卜五茂才諸友〉〔註122〕及〈與謝石秋、星樓、林湘畹、黃茂笙遊岡山超峯寺中途遇雨〉〔註123〕兩詩題，分別記錄了他早年交往的同儕，以及民國元年回臺時相訪的詩友。

丘逢甲〈是日之客王方伯外，有蔣亦璞廉訪（式芬）、潘左階觀察（文鐸）、夏用卿殿撰（同和），而主人則丁伯厚侍講（仁長），吳玉臣編修（道鎔）、汪莘伯廣文（兆銓）及予也，十疊前韻〉〔註124〕這一詩題，就像是雅集詩友的芳名錄，一一登錄了當時相聚的詩友姓名。至於〈桃源女史朱伯姬，九江先生女公子也，能詩畫，爲蘭史作小幅而自題絕句其上，蘭史出觀，因爲書此〉〔註125〕這一詩題，則將文友、文事留下了印痕。

另外，無論是施士洁〈歲壬子重九日，菽莊林先生浪嶼別墅宴集同里諸詩人。時，菽將有海外之行，挈其長君小眉就姻於日里；不佞躬茲勝會，烏得無言？倡爲近體二章，權當喤引；餞菽莊，兼以賀文郎也〉、〔註126〕〈淡北陳母邱太宜人煉丹活子徵詩冊，爲其令嗣少白茂才題〉〔註127〕這樣的詩題，或是許南英〈壬子冬日吳園小集，以「鴛鴦」命題，林湘畹得雙元，謝籟軒、趙雲石俱得眼。餘興未已，往寶美樓開宴〉、〔註128〕〈健人公子正月二日壽辰，適余回家度歲歸來；讀陳迂叟、施耐公壽詩，望塵弗及，強作此篇〉〔註129〕這樣詩題，亦或是丘逢甲〈林氅雲郎中（鶴年）寄題蠔墩忠蹟詩冊，追憶舊事，次韻遙答〉〔註130〕、〈予題楊子仙宮詩，讚仙也，吾宗之彥，與邑人士和章稠疊，不仙之讚而讚讚仙者，戲爲玄語，以答雅覬〉，〔註131〕在這些詩題裡，都將詩人們雅集聯吟或勾韻鬥技的種種情形留下繽紛記載。

〔註122〕許南英：《窺園留草》，頁 15。
〔註123〕許南英：《窺園留草》，頁 109。
〔註124〕丘逢甲：《嶺雲海日樓詩鈔》，頁 218。
〔註125〕丘逢甲：《嶺雲海日樓詩鈔》，頁 356。
〔註126〕施士洁：《後蘇龕合集》，頁 208。
〔註127〕施士洁：《後蘇龕合集》，頁 29。
〔註128〕許南英：《窺園留草》，頁 131。
〔註129〕許南英：《窺園留草》，頁 164。
〔註130〕丘逢甲：《嶺雲海日樓詩鈔》，頁 130。
〔註131〕丘逢甲：《嶺雲海日樓詩鈔》，頁 290。

（四）時代人物資料的留存

依施士洁〈朱樹吾明府別三年矣，至是始復來臺。大府檄辦彰邑某巨戶積案，招余同往，於烏日莊，極承款洽，感而有作（庚辰十月十四日）〉及〈朱樹吾明府重至臺郡，旋奉檄赴彰邑會辦一巨戶歷年京控積案。適余客鹿浦，明府館於烏日莊，時復往還，出示近作，因和原韻（辛巳十月作）〉〔註132〕兩首長篇詩題中所記，我們可以知道朱樹吾曾於光緒三年任彰邑縣令、光緒六年任臺灣縣令。現在無法在方志文獻中查到朱樹吾的資料，施士洁這兩首詩題為他留下雪泥鴻爪之跡。

施士洁又有一篇長達一百六十五個字的詩題：

> 世宙陵夷，子衿佻達，抱道之士，憖然憂之。王子少濤秉姿獨粹，績學彌劬，庸中佼佼，百不一遇。與予同里，夙不謀面。頃游鷺門，恨相知晚。是固恂恂儒者，而又有志於為詩者也。鷺門旭瀛書院，學子薈焉，少濤實司訓導。暇輒文酒過從，出示「賞青廬」、「泊寄樓」諸吟草，句予釐定。邇復自署「曾經滄海」一圖，廣徵海內外名流鉅子題詠，兼及書畫，仿為百衲之製。予維少濤年少美才，應求之雅，環球咫尺；斯圖特噹矢耳。爰志四絕，為異日券〔註133〕

這一詩題就如一篇短文，是這位推動廈門臺灣弟子教育有成、曾據臺灣詩壇一方的王少濤的小傳。〔註134〕

丘逢甲〈百丈埔為宋張丞相世傑夫人許氏大戰元兵殉節處，舊有祠，廢久矣，子惠署縣為商復舊蹟〉、〔註135〕〈鎮平城北山曰蕉嶺，又曰桂嶺，書院所由名也，蕉桂故粵產，今此山乃無萌蘗之存，濯濯者虛有其名矣，若於書院補植以存名實，亦山城一故事也，因賦二詩，寄衡南大令〉〔註136〕以及〈鎮平城北近校場半里許有奇石離立山谷間，邑人所名為石伯公者也，予援南宮故事，字之曰石丈，並綴以詩〉〔註137〕等詩題，則有補足史書傳略及方志風

〔註132〕施士洁：《後蘇龕合集》，頁317、頁318。

〔註133〕施士洁：《後蘇龕合集》，頁214。

〔註134〕施士洁：〈送別王少濤東歸臺陽序〉及〈婆娑仙籟吟社自序〉文中提及的「及門王子」，都是與王少濤有關的資料，《後蘇龕合集》，頁409、頁405。《臺灣日日新報》亦有王少濤詩作。王少濤自署之「曾經滄海」一圖徵文，引起文壇熱烈回應。

〔註135〕丘逢甲：《嶺雲海日樓詩鈔》，頁115。

〔註136〕丘逢甲：《嶺雲海日樓詩鈔》，頁296。

〔註137〕丘逢甲：《嶺雲海日樓詩鈔》，頁12。

物的價值。

（五）行旅遊歷的記錄

許南英〈甲寅閏五月七日偕沈琛笙、徐蘊山赴菽莊詩社；夜發鯽江，曉至江東橋，趨謁黃石齋先生講堂〉〔註138〕及〈壬子春日過霞陽訪馬君亦錢，得觀所藏圖書，復賞所植花木。信宿三日，踰蘇嶺，歸海滄〉〔註139〕詩題中，將當日詩人的行蹤留下了清楚而明白的記錄；丘逢甲的〈風雨中與季平游東山，謁雙忠、大忠祠，兼尋水簾亭、紫雲巖諸勝，疊與伯瑤夜話韻〉〔註140〕及〈小除日與曉滄遊開元寺，遂西過叩齒庵，傍城根園池抵南門，登樓晚眺作〉〔註141〕兩詩題也一樣，猶如詩人的生活及行動的日誌，對認識詩人是有所助益的。

（六）詩人心志的表達

施士洁在〈今年冬至，寒瘦全僇，擬有所作；夜以尊酒自犒，輒復閣筆。東海棄民忽擲新詩示我，心頭鹿鹿，率爾操觚，如韻和之。棄民殆亦如周之與施，相視而笑，莫逆於心歟〉〔註142〕及〈邇來蛛隱，不出戶庭；雖抱葉雌蟬，而絕塵離俗，無悲憫怨尤之致，斯足怡矣。吾友景商代議士，今之健者，亦古之狂。其於吾也，迹判雲泥，情同印駏。歲月電邁，昀將北行，攜手河梁，則又不能不慷慨歔欷作荊卿變徵調也。王子少濤與吾同志，共就敝廬，拂榻聊餞一杯。爰命侍兒洗手調羹，以侑薄酌。客中鴻雪，爪迹堪珍，書此為他日券（舊曆上元前二日）〉〔註143〕這兩長題中，詩人之淒涼、落寞情懷流露句間，友朋之間惺惺相惜的情意也明白可見。

許南英〈窺園梅花二株被日人移植四春園，聞亦枯悴而死；以詩弔之〉〔註144〕及〈敝廬因日人築路取用，子弟輩別謀住所〉〔註145〕與〈衙齋隙地種桃藝菊，入望敷榮；而余又奉檄調陽江，書此別〉〔註146〕等詩題，表露

〔註138〕許南英：《窺園留草》，頁149。
〔註139〕許南英：《窺園留草》，頁103。
〔註140〕丘逢甲：《嶺雲海日樓詩鈔》，頁334。
〔註141〕丘逢甲：《嶺雲海日樓詩鈔》，頁78。
〔註142〕施士洁：《後蘇龕合集》，頁211。
〔註143〕施士洁：《後蘇龕合集》，頁221。
〔註144〕許南英：《窺園留草》，頁110。
〔註145〕許南英：《窺園留草》，頁110。
〔註146〕許南英：《窺園留草》，頁68。

出詩人生逢季世如飄蓬的無奈與感慨，這即是詩人心志之表達。

從丘逢甲〈季平爲書「澹定邨」三大字，並書贈「馬來西極、龍臥南陽」二語爲楹帖賦謝〉〔註147〕及〈仙屏中丞手書『掃除萬事付諸命，卓犖高才獨見君』楹帖見贈賦謝〉〔註148〕與〈家芝田（漱秀）市菊數盆見贈，時已冬十月矣，感其晚芳，摛我鬱抱，聊賦拙什以質芝田〉〔註149〕這些詩題，我們看到詩人對自己的期許以及不遇之嘆，這也是詩人心志的流露。

（七）時代風貌的勾勒

丘逢甲〈聞言者屢有改科舉之議，疊頤山見贈韻，簡溫慕柳同年金山書院〉〔註150〕這一詩題，記錄了舊傳統之變革。而施士洁〈健人歸自南洋以江璞巖贈詩示我，如韻和之〉、〔註151〕〈和健人寄懷韻，時健人自臺灣之日本〉、〔註152〕〈吸齋自臺旋廈以一拂相贈，時將游學日本〉，〔註153〕還有許南英的〈表弟謝汝銓有斐律濱之行，順道過往〉〔註154〕這幾首詩題中，我們看到當時交通之便利，人們乘坐著輪船在大洋中飄盪，往來於世界各大洲之間；由於科技的發明，人們活動的空間擴大了，見識也更加寬闊。

許南英〈臺局之變，臺北郭茂才會川仗義與抗，所謀不遂，聞其來鷺江虎溪巖祝髮爲僧矣；感而作此〉〔註155〕與丘逢甲〈春第相從有年，去歲復間關渡海隨予來粵，今乃請携家歸臺，並請以絹乞詩爲永念，愴然賦此〉、〔註156〕〈劉慧君（少拔）廿年舊友，曾從余義軍，內渡寓漳，來潮見訪，賦贈〉，〔註157〕還有施士洁〈許允白、汪杏泉兩君，勞燕分飛，倏逾十稔。今日鄨江萍水，天假之緣。讀允白『壽杏泉詩』，感憾係之；走筆次韻，用質吟壇〉，〔註158〕這些長題文字中則記述著世變時代的變遷、人們的離亂、

〔註147〕丘逢甲：《嶺雲海日樓詩鈔》，頁 98。
〔註148〕丘逢甲：《嶺雲海日樓詩鈔》，頁 34。
〔註149〕丘逢甲：《嶺雲海日樓詩鈔》，頁 40。
〔註150〕丘逢甲：《嶺雲海日樓詩鈔》，頁 301。
〔註151〕施士洁：《後蘇龕合集》，頁 247。
〔註152〕施士洁：《後蘇龕合集》，頁 243。
〔註153〕施士洁：《後蘇龕合集》，頁 164。
〔註154〕許南英：《窺園留草》，頁 102。
〔註155〕許南英：《窺園留草》，頁 36。
〔註156〕丘逢甲：《嶺雲海日樓詩鈔》，頁 26。
〔註157〕丘逢甲：《嶺雲海日樓詩鈔》，頁 122。
〔註158〕施士洁：《後蘇龕合集》，頁 223。

友儕間不同的遭遇，將當時時代的面貌做了切實樸直的記錄。

施士洁〈林菽莊京卿招同陳威季太守、汪艾民司馬、龔叔翊主政、鄧舜農少尉游南普陀寺撮影〉、〔註159〕〈韻香撮影相貽並索題句，予報以最近撮影一幀，書此綴之〉，〔註160〕則讓我們看到他們的生活受到西方文化影響的情形。

（八）提供考證的資料

施士洁〈丙辰正月二日健人二十四初度，以詩壽之〉、〔註161〕〈乙卯十二月十有二日，林季繩公子二十有一初度，健人其猶子也，以詩為壽，如韻和之〉〔註162〕兩詩題可供做考證林景仁、林季繩生平的印證資料。在光緒二十一年割臺之後，鄭鵬雲在是否曾到福建參加科舉考試這一問題，我們可以在施士洁〈毓臣、養齋秋試不售，景商以詩慰之，即次其韻〉〔註163〕這一詩題中找到答案。

許南英〈己丑在都，讀呂汝修孝廉詩草，作此以當題詞，並呈邱仙根詩伯〉〔註164〕這一詩題，讓我們知道許南英與與呂汝修、丘逢甲最初交往的時間。

依施士洁〈菽莊吟社自癸丑至庚申八年矣，花事惟菊特盛，主人屬同社十八子各以八律詠之〉〔註165〕所記，則菽莊吟社成立之年是在民國二年，但這一說法和《林本源家傳》：「三年七月，公結菽莊吟社於墅中鹿耳礁之西。」以及林剛義〈先考菽莊詩稿發刊前言〉與沈驥〈菽莊詩稿序〉文中所記「菽莊吟社成立於民國三年」不同，〔註166〕若再加上許南英〈甲寅閏五月七日偕沈琛笙、徐蘊山赴菽莊詩社；夜發薌江，曉至江東橋，趨謁黃石齋先生講堂〉〔註167〕這一詩題中所言「甲寅」乃民國三年。那麼，是施士洁記錯時間還是有其他原由？比對這些詩題內容引發我們對菽莊吟社的成立時間的注意。

〔註159〕施士洁：《後蘇龕合集》，頁 165。
〔註160〕施士洁：《後蘇龕合集》，頁 181。
〔註161〕施士洁：《後蘇龕合集》，頁 254。
〔註162〕施士洁：《後蘇龕合集》，頁 251。
〔註163〕施士洁：《後蘇龕合集》，頁 125。
〔註164〕許南英：《窺園留草》，頁 20。
〔註165〕施士洁：《後蘇龕合集》，頁 312。
〔註166〕見林本源祭祀公業編輯：《林本源家傳》（臺北：林本源祭祀公業，1985 年），頁 53；林爾嘉：《林菽莊先生詩稿》（臺北：龍文出版社，1992 年 3 月），頁 1、頁 3。
〔註167〕許南英：《窺園留草》，頁 149。

五、詩　注

詩人在作品中使用詩注的目的，或是爲了說明詩句意涵、或是用以記史實、說掌故、述逸聞。不過，詩歌用注向爲詩家批評爲非詩常法，錢鍾書說：

> 詩賦拘牽聲律，勿能盡事，加註出於不得已，元稹記事，及用四言韻語，作繭作縛，遂另以散語作註申，多兹一舉，所以爲非法歟。
> 〔註168〕

話雖如此，事實上詩注的運用有時也有其必要的，例如詩人有意藉詩注補足詠史詩、記事詩的內容時就會運用詩注。另外，擷紅主人徐莘田也提出詩中用注的另一原因：

> 余謂竹枝之作似亦無妨，蓋各處俗諺多有不同，若不發明俚語，異鄉人從何索解？〔註169〕

所以，嘉慶年間的鄭兼才、謝金鑾的詩中有注，道光年間的劉家謀〈海音詩〉詩中有注，光緒年間王凱泰、馬清樞等人的《臺灣雜詠合刻》詩也有注，徐莘田的〈廈門竹枝詞〉也運用了詩注。「詩成自注，格非竟創」，〔註170〕這早已是來臺游宦者采風之作必用的形式。不過，詩注的作用，絕不僅限在描述異地風光、發明俚語鄉言而已，我們可以普遍在臺灣本土詩人如章甫、林占梅、施瓊芳、鄭用鑑、鄭如蘭等人的作品中看到注文，他們運用注文發揮的作用是多元的；尤其，注文更是敘寫社會時事的寫實詩作中不可缺少的。例如：陳肇興早期作品幾乎不用詩注，但他從創作戴潮春事變的《咄咄吟》開始就大量運用詩注，就可以讓我們了解社會寫實詩作中運用詩注的重要性。錢鍾書批評黃遵憲的〈日本雜事詩〉：「端賴自註，檳勝於珠，事誠匪易，詩故難工。」〔註171〕殊不知對社會寫實詩人來說，憑藉詩歌將「史」、「事」留下記錄比「詩工」這一件事更爲要緊。王賡今《傳是樓詩話》就說到黃遵憲詩史作品缺少詩注的困擾：

> 綜其所作，關係戊戌、庚子間國故甚多，惜未及自注。時移事往，誠不免無人作鄭箋注之嘆！〔註172〕

〔註168〕錢鍾書：《管錐編》第168條（臺北：蘭馨室書齋，1978年）。

〔註169〕《臺灣日日新報》，明治43年6月9日。

〔註170〕龔顯曾：〈臺灣雜詠合刻序〉，收入王凱泰等合著：《臺灣雜詠合刻序》（臺北：臺灣銀行經濟研究室，1958年10月），頁37。

〔註171〕錢鍾書：《管錐篇》第168條。

〔註172〕引自錢仲聯：《人境廬詩草箋注・詩話上》（臺北：臺灣商務印書館，1965年

海東四子運用詩注的情形很普遍，詩歌的處處皆可附加注文，下面先分析他們運用注文的位置。依據海東四子作品中運用注文的地方來分類，有以下三種：

（一）題下用注

施士洁：〈送別關介堂明經（其忠）歸莆陽（癸丑十一月同客龍溪邑署）〉
〔註173〕

〈視冰（「浪嶼詩壇」社題）〉〔註174〕

許南英：〈步張杜鵑原韻（杜鵑，梅縣人，陸軍學堂畢業生；與壬兒同學）〉
〔註175〕

〈丙申九月初三日有感（去年此日日人登臺南）〉〔註176〕

丘逢甲：〈千秋曲（潮州城北春月，閭巷少年歲相率為千秋之戲，予因為之詞）〉〔註177〕

〈日蝕詩（戊戌元旦日蝕，申初初虧、酉初復圓，京師蝕八分三十四秒、廣東蝕四分十五秒，聞印度全蝕不見日也）〉〔註178〕

（二）句下用注

施士洁：〈新春試筆〉：「與此毛錐子，相依又一春。陳元聊我友（韓昌黎『毛穎傳』：『穎與絳人陳元友善』。註，謂墨也），昌化究何神（『致虛閣雜俎』：『筆神曰佩阿，又曰昌化』）？趙國秋毫兔，遼西獨角麟。年年忙底事？莫笑苦吟身！」〔註179〕

許南英：〈輓友〉：「疑是傳聞尚未真，斯人尚有二年春（友嘗自言是老僧轉世，壽有六十九；今年六十七歲而歿）。半生書癖兼錢癖（友自言生平第一愛讀書，第二愛積錢），末路清人又日人！一室有戈遺子女，九原無地葬金銀。老僧自念南無佛，懺悔紅塵未了因。」
〔註180〕

6月），頁18。
〔註173〕施士洁：《後蘇龕合集》，頁224。
〔註174〕施士洁：《後蘇龕合集》，頁169。
〔註175〕許南英：《窺園留草》，頁176。
〔註176〕許南英：《窺園留草》，頁37。
〔註177〕丘逢甲：《嶺雲海日樓詩鈔》，頁51。
〔註178〕丘逢甲：《嶺雲海日樓詩鈔》，頁45。
〔註179〕施士洁：《後蘇龕合集》，頁44。
〔註180〕許南英：《窺園留草》，頁87。

〈題畫梅，贈王泳翔〉：「爲我再彈三疊弄，不知斯會復何年（泳
翔善琴，余從學年餘，未得其妙。丁酉遇於鷺門，再聆雅奏；戊
戌而泳翔訃音至矣）！」〔註181〕

丘逢甲：〈梅州喜晤梁輯五光祿（國瑞）話舊〉之三：「虯髯紅拂無消息，
身愧三原李藥師（君贈聯有李藥師不爲章句小儒語）。」之五：
「尙有神仙容退步，待將丹訣問雲房（時將欲赴子華談道之
約）。」〔註182〕

（三）詩末用注

施士洁：〈雲林新邑八景和陳竺軒邑宰韻〉〔註183〕共八首，每首詩末均
注明是寫那一景，列舉一首爲例：「星海仙源有路通，翩然槎客
古今同。心隨牛斗□□北，身到龍門一水東。萬竈煙清毗舍國，
十分秋占廣寒宮。相期躍鯉騰蛟去，破浪乘風頃刻中。（龍門湧
月）」

許南英：〈秋日懷人〉〔註184〕六首，詩末附注說明該首所寫的對象，列
舉一首爲例：「迢遞江關問起居，沈腰潘鬢近何如？饞來大府猶
分俸，老去空山自著書。暖擁群花醇酒後，狂吟小草刼塵餘。子
平易數吾能說，磨蠍韓蘇似不虛。（施耐師山長）」

丘逢甲：〈饒平雜詩〉〔註185〕十六首，每一首詩末均有注文，或記風土
文物，或述史事逸聞，或言鄉邑近況，或錄記詩文；〈游靈山護
國禪院作〉〔註186〕共十首，一樣每首之末皆有注文，或述掌故，
或論文物，也有說明地理方位，也有寫眼前景觀的。〈澳門雜詩〉
〔註187〕共十五首、〈西貢雜詩〉〔註188〕共十首、〈王壽山詩〉
〔註189〕十首，也都是每首之末皆有注文的形式。列舉〈饒平雜

〔註181〕許南英：《窺園留草》，頁47。
〔註182〕丘逢甲：《嶺雲海日樓詩鈔》，頁26。
〔註183〕施士洁：《後蘇龕合集》，頁44。
〔註184〕許南英：《窺園留草》，頁195。
〔註185〕丘逢甲：《嶺雲海日樓詩鈔》，頁113。
〔註186〕丘逢甲：《嶺雲海日樓詩鈔》，頁126。
〔註187〕丘逢甲：《嶺雲海日樓詩鈔》，頁135。
〔註188〕丘逢甲：《嶺雲海日樓詩鈔》，頁142。
〔註189〕丘逢甲：《嶺雲海日樓詩鈔》，頁150。

詩〉一首爲例：「夢醒三更畫角吹，萬山深處客來時。壞牆半堵
雙流寺，重出梅溪舊勒碑（王公十朋手書十六字碑，邑志云爲
某令去思碑磨去。今雙寺牆壞，碑乃在壁間，惟字殘缺不完矣）。」

於詩末附注的方式，也有比較特別的安排，譬如：施士洁在一連寫了〈漢
靈帝〉、〈晉惠帝〉、〈隋煬帝〉、〈唐哀帝〉、〈蜀後主〉、〈陳後主〉、〈南唐後主〉、
〈北齊後主〉共八首詠史詩之後，在最後一首的末句下注云：「自古昏庸，恒
汙史冊，可恨也，亦正可悲，然可憐也亦正可笑，彙而詠之，權當塵談！」〔註
190〕注文雖然是附在最後一首詩的詩末，但是，卻是整組詩寫作原由的說明，
因此有統整連繫各詩關係的作用。

另外，施士洁〈挽小竹德吉（旭瀛書院掌教）〉一詩，在「旭瀛兩字口碑
存、師姓小竹名德吉」詩句之下有長篇注文，云：

　　廈門爲互市要區，總林雜處，僑籍尤繁，雖得良有司以董治而教育
　　之，洵非易易；而況學校一端，更有未易言者在耶？余僑此匃將十
　　稔，所見黨塾林立，其教範之足以感人者，無如小竹先生之賢。而
　　究其所以然，不外乎一誠而已。然誠之所至，勞即隨之，而先生於
　　是乎病矣。旋臺就療，終弗克瘳。哲人云亡，學者將安仰哉！余與
　　先生同道爲朋，情猶膠漆。今諸生爲追悼會，凡屬吾輩，無不同聲
　　一哭，吾其能強爲瘖啞，無一言以紀其實歟？孤燈閃碧，風窗颯然，
　　根觸吟懷，百感交集，走筆書此，不知涕泗之何從也。〔註191〕

此種用注方式所發揮的效果，和詩前附序有異曲同工之妙，作者採用詩
末用注的方式，是較少見到的附注方式；而這篇附在詩末的注文內容除記錄
了小竹德吉的教育貢獻，也是清末廈門地區的臺灣子弟教育情形的重要史
料。

用注的目的，或逞才學、或敘事補史、或作傳記人、或備後日志乘之用；
若按詩中注文的內容來看，或備掌故、或記風土、或誌興亡、或肆考據，或
述軼聞、或引詩文典故等；細究起來，這樣的詩中附注，詩、史錯綜相間，
相輔而成，充分發揮了詩即史、史即詩的作用。〔註192〕以下就依據注文發揮
的作用，分析海東四子的注文並列點說明：

〔註190〕施士洁：《後蘇龕合集》，頁220。
〔註191〕施士洁：《後蘇龕合集》，頁230。
〔註192〕龔鵬程：〈雜事詩的性質與發展〉，收入《文化、文學與美學》（臺北：時報文
　　　　化出版公司，1988年2月），頁137～頁139。

（一）以詩注補史、證史

施士洁〈朱樹吾明府重至臺郡，旋奉檄赴彰邑會辦一巨戶歷年京控積案。適余客鹿浦，明府館於烏日莊，時復往還，出示近作，因和原韻〉之四末聯及注文云：

> 父老臨風齊頂祝，三公而後此祠堂（彰邑前令朱公山、楊公桂森、
> 高公鴻飛，皆有政聲，邑人建「三公祠」，以明府長生祿位附焉）。
> 〔註193〕

朱山，乾隆二十年補彰化令；楊桂森，嘉慶十五年調任彰化，十七年兼署鹿港同知；高鴻飛，咸豐二年任臺灣知縣，三人皆是愛民良吏，因此彰化縣邑居民建立三公祠。〔註194〕施士洁注文則說光緒年間的彰化縣令朱樹吾亦有德於民，邑民將其長生祿位附於三公祠堂裡。因時代亂離、兵燹劫餘，這份資料未見於志書，施士洁的注文正好留下了記錄。施士洁又有〈莘翁以「逐疫詩」見示，如韻答之〉，末兩句詩句下的注文所記的是有關紅毛樓（即赤嵌樓）古蹟修建的記錄。注云：

> 愁絕瀛臺黯天日，阿誰建閣祀文昌（閣即紅毛樓故址，光緒癸未年
> 冬月改建）。〔註195〕

許南英〈五妃墓（墓在臺南城外新昌里，墓碑題曰「明寧靖王從死五妃之墓」）〉詩中有注云：

> 海山無處竄天潢，果爾王亡妾亦亡。同日雒經完晚節，有星魚貫照
> 新昌。蘋蘩合附孤忠薦（同治甲戌，沈文肅奏以延平郡王鄭成功列
> 入祀典，五妃與焉），碑碣猶留十字香。監國夫人墳在否（監國夫人，
> 陳永華之女、鄭成功之孫鄭克㙫之妻也。克㙫監國遇害，夫人隨夫
> 盡節，葬北門外洲仔尾。其地瀕海，波浪沖沒，不知其處）？淒涼
> 洲尾弔斜陽！

〈五妃墓〉之二云：

> 淒絕萬千新故鬼，月殘聽唱九池詩（范九池有五妃墓道七絕數首，

〔註193〕施士洁：《後蘇龕合集》，頁318。
〔註194〕見連橫：《臺灣通史》，頁942。連橫：《臺灣詩乘》（臺北：臺灣銀行經濟研
　　　　究室，1960年1月），頁175。伊能嘉矩：《臺灣文化志》（臺中：臺灣省文獻
　　　　委員會，1985年11月），頁317、頁327。
〔註195〕施士洁：《後蘇龕合集》，頁326。

勒石於南門外）。〔註196〕

　　這兩處注文爲明鄭五妃、監國夫人的貞節做了記錄，也記錄了五妃並列延平王祠中祀典一事的時間，至於歷代臺灣詩人歌詠五妃的眾多作品中，則范咸的作品可爲代表。

　　丘逢甲〈澳門雜詩〉之一詩末注云：「葡萄牙人居澳門，自前明及本朝，皆納地租，光緒十三年始以地給之。」之二詩末注云：「以澳門租葡人，由林富奏請，林固前明名臣。」之三詩末注云：「漳浦藍鹿洲有論，極言澳門居夷非策；藍，雍正時人。」這些注文是澳門一地如何由中國的領土變成葡萄牙領屬殖民地的史料記錄。

（二）藉詩注記生平、心志

　　施士洁〈臺北唐維卿方伯幕中補和臺南「淨翠園」韻〉之五：「鰤生活計舊牢盆（公命予司安嘉鹽筴），鹿耳鯤身裊客魂。」〔註197〕〈寄懷青孺諸羅代柬〉：「四度逢冬每別君，還愁歲歲成爲例（乙酉冬，君返里門，我趨鷺。丙子冬，君方鄉捷，我尚在都。丁丑冬，君來崁垣，我客彰淡。及今歷歷已四年矣）。」〔註198〕〈寄答陳槐庭代柬〉：「白沙舊講院（歲癸未，僕主講白沙），劫火想摧毀。」〔註199〕〈何勁臣二尹贈詩和韻〉：「今日相逢淪落甚，塵中何處覓鷦枝（僕內渡後，旅燕營巢，迄今尚無定所）？」〔註200〕

　　施士洁這些詩注中所記述的個人事蹟，可以讓我們對施士洁的生平有更多、更深入的了解。

　　許南英〈三水雜詩〉之三詩末注：「署後高松，鶴巢其上。五年前鶴俱飛去；予履任後，群鶴歸來，父老相傳爲人民安樂之兆。」〔註201〕〈臺感〉之四：「不爲猿鶴與沙蟲，畢竟書生誤乃公。伯樂有心收冀北（日軍到嘉義，即採訪士論，通函請予在府辦保良局。予內渡後，有兵官名花板者，亦通函請予回臺），項王無面見江東。毀家紓難民爲亂，觀過知仁論有同（當臺北陷時，屯匪劉烏河乘機竊發，予帶鄉勇征剿。至阿里關，勇乏口糧，皆予給發。日

〔註196〕許南英：《窺園留草》，頁 13。
〔註197〕施士洁：《後蘇龕合集》，頁 58。
〔註198〕施士洁：《後蘇龕合集》，頁 33。
〔註199〕施士洁：《後蘇龕合集》，頁 127。
〔註200〕施士洁：《後蘇龕合集》，頁 143。
〔註201〕許南英：《窺園留草》，頁 79。

人入城，收封予屋，號曰「亂民」；旋即起還，並給先叔以六等徽章，列於紳士）。剩此鬚眉還媿殺，漫勞攝影照青銅（臺南警察署攝予小照，懸諸廳事，題曰「名譽家某某」）」〔註202〕許南英〈己丑在都，讀呂汝修孝廉詩草，作此以當題詞，並呈邱仙根詩伯〉之二：「尊酒論文幸識韓，燕京聚首倍欣歡（余於丁亥識汝修於臺南試寓，茲因公車同寓都門）。」〔註203〕

　　許贊堃〈窺園先生詩傳〉一文中並未記述這些事情，許南英這些詩注的內容讓我們對他的生平事蹟有更進一步的認識。

　　丘逢甲〈林氅雲郎（鶴年）寄題蠔墩忠蹟詩冊，追憶舊事，次韻遙答〉之三詩末注：「方君參某太僕團防軍事，時予總統全臺各路義軍。割臺之後，太僕倉卒內渡，予獨抗議保臺，卒乃轉戰支離無成而去。武巒山在臺中。」之四詩末注云：「保臺之舉，日人平山氏比予為鄭成功，可愧也。「海上誓師」，朱子磨崖字，或以為鄭有臺讖云。」〔註204〕〈題松甫弟遺像〉詩中注云：「己亥冬同畫定嶺東同文學堂事，弟遂歸鎮平山居，予送之潮州上水門外。庚子春。予以學堂籌款事，出南洋群島，待弟不來，遂行，在新洲得弟信者三。」〔註205〕

　　研究丘逢甲的學者頗眾，他的生平也較為大家熟悉，不過，有了丘逢甲自己的詩中注文，可以讓我們考證其生平事蹟。

（三）附注說明體式、用韻、詩句出處

　　施士洁〈新春試筆〉：「陳元聊我友（韓昌黎『毛穎傳』：『穎與絳人陳元友善』註，謂墨也），昌化究何神（『致虛閣雜俎』：『筆神曰佩阿，又曰昌化』）？」〔註206〕詩中注文交代了典故由來。〈臺灣雜感和王莐昀孝廉韻，胡銕華太守同作〉之一：「掘地草雞新讖緯（明末廈門人掘地得甎，有『草雞夜鳴，長耳大尾』，字凡四十。『雞為酉，合草頭、長耳、大尾為鄭字也』，築城荷鬼舊羶腥。」〔註207〕則闡述詩句的特殊意涵。

　　許南英〈秋柳〉題下注曰：「用漁洋山人原韻」、〈寄題邱倉海工部澹定邨

〔註202〕許南英：《窺園留草》，頁82。
〔註203〕許南英：《窺園留草》，頁21。
〔註204〕丘逢甲：《嶺雲海日樓詩鈔》，頁130。
〔註205〕丘逢甲：《嶺雲海日樓詩鈔》，頁214。
〔註206〕施士洁：《後蘇龕合集》，頁44。
〔註207〕施士洁：《後蘇龕合集》，頁53。

心太平草廬〉詩題下注明：「用東坡『書王晉卿煙江疊嶂圖』原韻」，這些注文都是交代詩作用何人何首詩的韻來創作；〔註208〕〈四時宮怨〉題下注云：「七絕集句」，點明這一組詩的體製及作法，並在每一句下注明詩句原作者：「寂寂花時閉院門（朱慶餘），空留鶯語到黃昏（段成式）。蓬萊闕下長相憶（宋之問），夢寐荒唐亦感恩（黃任）。」〔註209〕

　　丘逢甲〈山寺（南園詩社題，玉盒格，底面俱限字）〉、〔註210〕〈旅夜書懷（用杜禹廟韻，南園詩社題）〉〔註211〕這些注文是交代詩作的體式作法及韻腳；而〈潮陽東山張、許二公祠爲文丞相題沁園春詞處，旁即丞相祠也，秋日過謁，敬賦二律〉之二：「萬死思回天地天（安知天地心，張睢陽句也）」、〔註212〕〈小除日與曉滄遊開元寺，遂西過叩齒庵，傍城根園池抵南門，登樓晚眺作〉之四：「斜日細吟南礀句，蘋藼花紫菜花黃（『南徽年光偏爛熳，蘋藼花紫菜花黃』，李南礀大令句也）」、〔註213〕〈題張生所編東莞英雄遺集〉：「蒼黃百戰野塘死，一死何止流螢光（用張文烈詩語）」，〔註214〕這些詩中注文則是在說明詩中引用文句的出處。

（四）解釋詩中詞、句的意思

　　施士洁〈金鹿泉先生尊夫人六十雙壽，即和其韻〉：「齊眉縷指說『銀婚』（泰西俗稱夫婦二十五年者爲銀婚式，五十年爲金婚式），共醉田間老瓦盆。」〔註215〕注文解釋詩中所用的時代新語詞。〈乙巳除夕感懷，寄示林彭壽公子〉之七：「林潘陳蔡都仙去（蔭堂觀察、翹江太守、君聘明府、玉屏孝廉先後溘逝），奈此靈光一隻何！」〔註216〕若無注文，恐怕無法知道這「林潘陳蔡」所指是何人了。

　　許南英〈寄懷鄭養齋（臺北廩生，北郭園鄭祉亭先生之孫）〉：「鷓鴣本是中原鳥（養齋能詩，時有『小鄭鷓鴣』之號），變調長啼去不歸。」〔註217〕

〔註208〕許南英：《窺園留草》，頁80。
〔註209〕許南英：《窺園留草》，頁5。
〔註210〕丘逢甲：《嶺雲海日樓詩鈔》，頁237。
〔註211〕丘逢甲：《嶺雲海日樓詩鈔》，頁237。
〔註212〕丘逢甲：《嶺雲海日樓詩鈔》，頁63。
〔註213〕丘逢甲：《嶺雲海日樓詩鈔》，頁79。
〔註214〕丘逢甲：《嶺雲海日樓詩鈔》，頁249。
〔註215〕施士洁：《後蘇龕合集》，頁208。
〔註216〕施士洁：《後蘇龕合集》，頁155。
〔註217〕許南英：《窺園留草》，頁67。

〈戲和蔡鶴田詞〉：「從今信誓，懺悔甘斷指；南洋遠，莫被人當作居里（居里，外國賤者之稱）。」〔註218〕〈敝廬因日人築路取用，子弟輩將別謀住所〉：「古諺『屋成路』（臺人有『家欲破，屋成路』之謠），君權水在盂。後來蠲納鼠（臺灣爲防疫起見，每戶月必捕鼠二頭，否則納金，名曰『鼠組合』），爰止或瞻烏。」〔註219〕〈和公啓遊山二首用前韻〉：「歸化巫來開淡叭（巫語謂埠爲淡叭），弄兵摩達走浮羅（巫語謂生番男子爲摩達，謂海島爲浮羅）。」〔註220〕這些詩句提及的不是一般人所知道的事，若缺少了注文，要明白詩的意思也就困難了。

丘逢甲〈題康步厓中翰（詠）出塞集〉之六「鷔章南下老羌來（塞外人謂俄人曰老羌）」、〔註221〕〈寄懷許仙屏中丞〉之二「陳琳已老（頤山戶部）劉楨少（葆眞編修）」、〔註222〕〈題潘鴻軒百花卷（蘭史祖也）〉、〔註223〕〈題張生所編東莞英雄遺集（熊飛、何眞、袁崇煥、蘇觀生、張家玉、家珍皆東莞人）〉，〔註224〕這些詩注對於詩意的了解也是有需要的。

（五）記述友朋生平資料

施士洁〈丁亥四月二十五日，偕游少仙司馬、倪耘劬大令、古濟生貳尹小飲「陳氏別館」，耘劬即席見贈兩絕，如韻還答〉之二：「編年一集始光豐（君有『退遂齋詩鈔』，卷首道光甲辰，至咸豐戊午）。誰識張黃沆瀣同（君爲張南山、黃香石弟子）。海外飄萍今老矣，入門猶有氣如虹！」〔註225〕〈和馮秋槎廣文寄贈五十韻〉：「朋峰馮夫子（秋槎居近朋山，因取以爲別號）」、「何圖半屛去，索居宮一畝（自丁丑冬同客艋川，嗣復同來赤崁，先後聚首已三年矣。今秋君司鐸往鳳山，至是一別）。」〔註226〕

許南英〈四疊前韻〉之二：「夢中亡友來相告，推解蒙恩淚幾行（陳子模大令與公同宦山東，多蒙推解；死爲治喪，扶櫬回籍）。」〔註227〕〈題畫梅，

〔註218〕許南英：《窺園留草》，頁216。
〔註219〕許南英：《窺園留草》，頁110。
〔註220〕許南英：《窺園留草》，頁180。
〔註221〕丘逢甲：《嶺雲海日樓詩鈔》，頁72。
〔註222〕丘逢甲：《嶺雲海日樓詩鈔》，頁40。
〔註223〕丘逢甲：《嶺雲海日樓詩鈔》，頁195。
〔註224〕丘逢甲：《嶺雲海日樓詩鈔》，頁249。
〔註225〕施士洁：《後蘇龕合集》，頁63。
〔註226〕施士洁：《後蘇龕合集》，頁32。
〔註227〕許南英：《窺園留草》，頁152。

贈王泳翔〉詩中注云「(泳翔善琴,余從學年餘,未得其妙。丁酉遇於鷺門,再聆雅奏;戊戌而泳翔訃音至矣)」〔註228〕〈輓吳樵山外舅〉:「論交與我結忘年,聞訃翻疑四日前(外舅於丁丑九月二十二日尚過『窺園』,坐談半日;二十六日而訃至)。故里不歸淹黑海(外舅原籍泉州),名山招隱到黃泉(因遊岡山,中途暴疾)!」〔註229〕

　　丘逢甲〈次韻答陶生(名鵬保,字賓南,丹徒人,改名鴻勳,後改名遜)〉、〔註230〕〈憶舊述今,次曉滄見贈十絕句〉之六:「斐亭鐘絕風流散,落日寒蕪赤嵌城(斐亭在臺灣道署,爲昔與灌陽中丞偕賓客賦詩地。中丞句云:『千秋高會斐亭鐘』是也)。」〔註231〕〈答葉季允(懋斌)見贈〉:「聽松廬更有詩孫(季允爲柳堂弟子,有私印曰聽松廬詩孫)。」〔註232〕

　　以上引錄施士洁、許南英、丘逢甲詩作的注文,都充分發揮記錄其友朋生平有關的資料,或記其字號、或記其著作、或述其事蹟、或述其交誼,這些都是我們了解其人其事的依據。

(六)風土文獻的記錄

　　施士洁〈鸎塵「潮州荔枝詞百首」題後〉:「安得好天風,吹聚鳳塘側(海陽鳳塘以荔爲業,有一種名『青羅帕』者尤佳)」、「小紅與桂綠(新興『小紅』增城『桂綠』粵荔之最),懸賞各購得。」〔註233〕

　　許南英〈留別陽春紳士〉之二:「試向慈雲銘怪石(因鄉征到黃泥灣,駐慈雲巖;在石上銘刻十六字曰:『一拳頑石,巨靈分擘。有時興雲,蒼生被澤』),曾從羅水浴溫泉(因清鄉到八甲。離該處二里許,近羅水坑,平地一凹,寬無半畝,湧泉如沸,嗅之微有礦氣。余命往汲以浴,須候一時久,熱度稍退,乃可用也)。」〔註234〕〈遊暹羅佛寺〉:「訛傳拜三寶,丈六大空王(俗人謂三寶公是明鄭時鄭三寶,實則三寶佛也)。」〔註235〕

　　丘逢甲〈游靈山護國禪院作〉之一:「更無東晉殘碑在,一抹寒蕪故縣城

〔註228〕許南英:《窺園留草》,頁47。
〔註229〕許南英:《窺園留草》,頁2。
〔註230〕丘逢甲:《嶺雲海日樓詩鈔》,頁62。
〔註231〕丘逢甲:《嶺雲海日樓詩鈔》,頁66。
〔註232〕丘逢甲:《嶺雲海日樓詩鈔》,頁144。
〔註233〕施士洁:《後蘇龕合集》,頁177。
〔註234〕許南英:《窺園留草》,頁68。
〔註235〕許南英:《窺園留草》,頁42。

（去和平橋十里爲臨崑山，故潮陽縣治也。再十里爲靈山）。」之二「惟應一勺靈泉水，曾照元和太守來（山向有束香樹，大數抱，今無。運木池水有泉脈，入多不竭）。」之三「便訪山僧亦偶然，何曾同證石頭禪？三書難定儒林案，笑看中天北斗懸（大顛曾問法于石頭和尚，文公三書或以爲僧徒僞造）。」〔註236〕〈王壽山詩〉之一：「消受桃花千萬樹，梵王宮占武陵源（元季有在山上避亂者，築岩墾田，今田畢歸僧）。」之二：「欲尋鳳髻峯前塔，斜日秋林噪暮鴉（廣福禪院開山僧名映耀，俗姓丘，明初人。鳳髻峯在院後，塔墓尚存）。」之三：「絕頂別開新世界，濛濛花雨散諸天（廣福禪院已在眾山上，由廣福至祥光尚五、六里許。）」〔註237〕

丘逢甲又有〈廣濟橋（俗名湘子橋）〉之一：「世變屢新潮汐改（潮昔至橋以上，故賈島詩有『潮翻城根老樹秋』，之句，後僅至橋，今則去橋遠矣），驛程依舊粵閩通（由粵入閩官道出此）。五州魚菜行官帖（潮嘉汀贛寧食鹽皆由橋分運，放曰廣濟橋鹽。又凡醃魚曰魚鹽，醃菜曰菜鹽。每魚菜出爲行鹽旺月），兩岸鶯花集妓篷。」〔註238〕〈東山重修景賢樓大忠祠，次第落成，喜而有作〉：「春風游女飄遺帨（婦女出門以黑巾蒙面曰韓公帕，潮陽今猶然）。」〔註239〕

另外，施士洁〈弔沈斯菴遺老〉、〔註240〕〈諸羅忠烈羅參戎祠〉、〔註241〕〈臺灣雜感和王蔀畇孝廉韻，胡鐵華太守同作〉，〔註242〕許南英〈閑散石虎墓〉、〈夢蝶園懷李茂春先生〉，〔註243〕丘逢甲〈重九日遊長潭〉、〔註244〕〈澳門雜詩〉〔註245〕、〈說潮〉〔註246〕等詩中的注文，也都提供了大量可以補充史乘的資料。

（七）以詩注記錄時事

施士洁〈寄題繆薌甫東倉書庫圖〉之二：「苦憶榕壇群玉府，劫灰紅過

〔註236〕丘逢甲：《嶺雲海日樓詩鈔》，頁126。
〔註237〕丘逢甲：《嶺雲海日樓詩鈔》，頁150。
〔註238〕丘逢甲：《嶺雲海日樓詩鈔》，頁47。
〔註239〕丘逢甲：《嶺雲海日樓詩鈔》，頁134。
〔註240〕施士洁：《後蘇龕合集》，頁194。
〔註241〕施士洁：《後蘇龕合集》，頁147。
〔註242〕施士洁：《後蘇龕合集》，頁53。
〔註243〕許南英：《窺園留草》，頁79。
〔註244〕丘逢甲：《嶺雲海日樓詩鈔》，頁5。
〔註245〕丘逢甲：《嶺雲海日樓詩鈔》，頁135。
〔註246〕丘逢甲：《嶺雲海日樓詩鈔》，頁57。

十三秋（臺灣『海東書院』『榕壇』藏書萬卷，乙未兵燹以後，蕩無復存）！」
〔註247〕〈浴佛前一日，唐維卿廉訪招同倪耘劬太令、楊穉香孝廉、張潀菉
廣文、熊瑞卿上舍、施又笙茂才遊竹溪寺，次廉訪韻〉：「去年吟社笑紛爭，
消夏樽開不夜城（去夏廉訪於夛署創『斐亭吟社』）。」〔註248〕〈苹叟詩來，
如韻答之〉：「千里荊榛開瘴壑（沈文肅公來臺，叟奉檄入番社辦撫墾事），
一軍笳鼓咽長門（法人犯馬江，叟佐穆將軍長門戎幕）。」〔註249〕

許南英〈奉和實甫觀察原韻〉：「悲歌有客來燕趙，憑弔無人管海山（實
甫奉劉峴帥命自山海關來臺，欲與唐中丞商辦軍務。在申江即聞臺北失守之
信，折而來臺南，商劉淵帥起任申包胥之役，亦人傑哉）！」〔註250〕〈庚戌
元旦〉：「乍除舊臘鴻鈞轉，忽報新軍蟻鬨酣（元旦，粵省新軍與警兵交鬨，
閉城三日。嗣以兵力解散）。兵氣似隨春氣發，嶺南聞道又江南（初二日，江
南新軍亦鬧事）。」〔註251〕

丘逢甲〈答臺中友人〉之二：「抱石申屠劇可憐（臺人有賈于泉者，聞
臺亂家亡投萬安橋下而死），一庵待死伴枯禪（內渡後有諸生爲僧）。湛身難
訴遺民苦，殉義誰彰故部賢（謂部下吳、徐、姜、丘諸將領）。碧血縱埋非
漢土，赤心不死尙唐年（臺中義士尙奉中國正朔）。扁舟但益漂零感，過海
何曾便是仙。」〔註252〕〈題絜齋丈鴛湖舟隱〉之九末句「莫教風景似南朝」
下注：「意人方索三門灣，英人亦索長江上下游。」〔註253〕〈用前韻賦答人
境廬主見和之作〉之一詩末注云：「義和拳謂玉皇遣天兵八百萬，紅燈照祀
黎山老母，爲首者自稱黃蓮聖母，見近人撰天津一月記。義和拳出於白蓮教，
見近人撰義和拳源流考。某邸父嗜酒，俗有酒王號。」〔註254〕〈送潮州諸
孝廉公車北上〉：「況值特科徵俊異（今春皇上有特旨求經濟之士），莫將平
步羨公卿。」〔註255〕

〔註247〕施士洁：《後蘇龕合集》，頁167。
〔註248〕施士洁：《後蘇龕合集》，頁52。
〔註249〕施士洁：《後蘇龕合集》，頁57。
〔註250〕許南英：《窺園留草》，頁29。
〔註251〕許南英：《窺園留草》，頁88。
〔註252〕丘逢甲：《嶺雲海日樓詩鈔》，頁48。
〔註253〕丘逢甲：《嶺雲海日樓詩鈔》，頁104。
〔註254〕施士洁：《後蘇龕合集》，頁156。
〔註255〕丘逢甲：《嶺雲海日樓詩鈔》，頁311。

（八）文學活動的記錄

施士洁〈家績宇別駕重刊「南浦詩話」，郵寄索題（此書爲吾閩梁茝鄰中丞任浦城山長時因全湘畹之舊而續輯之者。歲乙巳，邑人祝東孫檢獲此本，始知爲乃祖東巖太守所刊。中多譌字，績宇爲□□□□□）〉〔註256〕、〈臺北唐維卿方伯幕中補和臺南「淨翠園」韻〉之十：「消寒坐上小鑪紅，滿院吟朋集海東（『海東書院』課日，予每邀公作詩鐘會）。」〔註257〕〈意有未盡，輒書紙尾〉之二：「我憶中丞開府日，牡丹百本闢新年（乙未新正，唐中丞結『牡丹詩社』）。而今櫟社添佳話，諸子風流似月泉（槐庭有『櫟社唱和集』）。」〔註258〕

許南英〈遊臺北基隆雜詠〉之二：「飛吟擊鉢鬬尖叉，黃鶴高飛日影斜（題『擬太白登黃鶴樓』七絕）。」之七：「老去陶潛歸栗里（題『擬歸去來詞』七絕），菊花靜對一瓶秋。」〔註259〕〈沈琛笙五日有感，和其原韻並以慰之（時聘修『龍溪志』）〉〔註260〕〈送沈琛笙歸衡山〉：「萬卷奇書收薏苡，一朝信史付芻蕘（時在漳修志不果）。」〔註261〕

丘逢甲〈送王鐵珊〉之一：「同抱奈何天地感，五年前已遠相知（憑欄望韓夫子祠，如此江山，已讓前賢留姓氏；把酒弔馬將軍墓，奈何天地，竟持殘局付英雄。予潮州金山酒樓聯語，王一見即誦之，云五年前在贛駐軍即知之）。」〔註262〕〈寄懷瑞鳳綸分轉〉：「舳艫轉海無消息，孛彗經天有掃除（去年開同文學堂，君許以日本書百種見贈，書未來而北事起）。」〔註263〕

比較海東四子用注的情形，許南英詩中的注文用得少，也都較短。丘逢甲的詩注用得多，也嘗試更多種不同詩注的方式，所記錄的多是文獻史料，又常以長篇大論形式表現，明白顯示其「詩史」之用心；不過，丘逢甲光緒二十七年以後的作品附注文的情形明顯減少了。施士洁的注文用得不多，只在幾首詠臺史臺事詩作中附注用得較多，如：〈沈斯庵〉、〈鴨母王〉、〈臺灣雜感〉等詩，使用注文時多是因應詩句文詞加以解釋說明，和丘逢甲那種長篇

〔註256〕施士洁：《後蘇龕合集》，頁196。
〔註257〕施士洁：《後蘇龕合集》，頁58。
〔註258〕施士洁：《後蘇龕合集》，頁128。
〔註259〕許南英：《窺園留草》，頁125。
〔註260〕許南英：《窺園留草》，頁134。
〔註261〕許南英：《窺園留草》，頁137。
〔註262〕丘逢甲：《嶺雲海日樓詩鈔》，頁194。
〔註263〕丘逢甲：《嶺雲海日樓詩鈔》，頁170。

冗文、逞才示學的作法不同。至於汪春源的作品中，皆沒有使用注文。

海東四子的創作在體製上多採用樂府、古體詩，或以七絕、七律聯結成組詩，亦廣泛運用長題、序引、詩注等方式寫作，這些形式上的特徵雖然方式不同，但達到的效果卻大致相同：可以隨著詩作內容留下更多的史事時事、風土文獻、個人生平、時人事蹟等方面的資料，海東四子欲藉詩歌創作以記史、補史的態度也就明白表現出來了；詩歌創作對於他們來說，不只是文學活動而已，更具有社會的功用，這種詩歌的社會功用是他們極力要發揮的；這種創作態度所以形成，和海東四子所處的時代環境有關，也和他們的個性、思想有關。就四子創作形式上的表現來說，他們充分實踐社會寫實的創作精神。

第二節　散文化的風格

基於對社會現實的深切關注，詩人本著「言志」、「美刺」的詩歌創作觀念，再加上現實環境中變亂的刺激，使得生逢亂世的詩人在創作時，一方面欲抒發內心情感的波動，一方面欲發揮肩負的社會責任，因此，詩歌創作的題材、內容深富社會性與寫實性，詩歌創作的風格也因應這樣的改變，而呈現出以文爲詩、以賦爲詩、以議論爲詩的散文化傾向。我們若回頭檢視詩歌發展的歷程，可以發現：以文爲詩、以賦爲詩、議論爲詩這些特徵，在《詩經》、《楚辭》等作品裡早就具備了；之後，無論漢朝的樂府詩、晉代的玄言詩、或影響後代詩人甚鉅的陶淵明詩，都很容易在其中看到散文句式或說理議論；唐代詩人杜甫以史官筆法入詩；白居易、元稹學習杜甫「即事名篇」，反映社會現實的創作方法，詩歌散文化特徵更加強化。〔註264〕宋代詩歌界衍成崇杜、學韓的風潮，詩歌散文化、議論化的特徵更加深化；這種詩歌散文化的創作特色，在國勢衰頹、外族入侵、問題迭生的晚清時期，又再次蔚爲風氣。

自鴉片戰爭失敗後，中國在列強環伺侵擾、西學湧進的情形之下，全國上下進行了一場劇烈的革新變化，試圖找出中國積弱的原因以及振興富強的根本對策。這些社會中的衝突、革新，也對文學的發展產生影響及變革，文學界力求創造出足以適應時代需要、能夠表現時代精神的文學表現方式。嚴

〔註264〕吳小如：〈宋詩漫談〉，收入張高評編：《宋詩綜論叢編》（高雄：麗文文化事業公司，1993 年 10 月），頁 7。

迪昌《清詩史》云：

> 鴉片戰爭起始的一系列外侮的刺激，詩的生命力也隨著「天下興亡，
> 匹夫有責」的心潮得到一次新的張揚。本原意義上的愛國主義推助
> 著詩從內容到形態再次表現出其功能表現力。〔註265〕

換句話說，也就是杜甫「詩史」精神的重振，而為了便於敘述事實、評
論時事，表現在藝術形式上則是詩歌散文化的傾向顯著。錢鍾書《談藝錄》：

> 錢籜石好以鄉談里諺入詩，而自加註釋，則又似放翁慣技，然所心
> 摹手追，實在昌黎之妥貼排奡，不僅以古文章法為詩，且以古文句
> 調入詩，清代之以文為詩，莫先於是，莫大於是，而亦莫濫於是。
> 〔註266〕

這種「以古文章法為詩，且以古文句調入詩」的詩歌創作方法，到了晚
清時候，詩人們運用得更多、更廣，錢鍾書就提到黃遵憲的詩歌創作也深富
散文化風格：

> 今之師宿，解道黃公度，以為其詩能推陳出新；人境廬詩草自序不
> 云乎：用古文伸縮離合之法以入詩，寧非昌黎至巢經巢以文為詩之
> 意耶？〔註267〕

黃遵憲這種散文化風格，是繼承自杜甫、白居易等人，但他特別強調詩
人創作內容要反映詩人生存時代的現實生活，是其「詩之外有事，詩之中有
人，今之世異於古，今之人亦何必與古人同」詩觀的實踐。又因為詩歌內容
和時代、現實貼近，所以詩中常運用時語、俗語、俚語。吳天任認為黃遵憲
的詩歌創作是本著「先聖所稱溫柔敦厚詩教之本旨，依違諷諫，化下刺上，
欲求如風雅之體，能因詩以覘其政」的觀念，這是因為「衰蔽之世，禮廢教
失，政異俗殊，雖風雅亦不得不由正而變，顧亭林謂三百篇不得不變而為楚
騷，楚騷不得不變而為漢魏六朝，下此為唐為宋，亦胥緣於時勢使然。」因
此，黃遵憲在創作時：

> 復古人比興之體，以單行之神，運排偶之體，取離騷樂府之神而不
> 襲其貌，用古文家伸縮離合之法以入詩諸端，皆變作法之事。而取
> 材敘事鍊格，以至於摭用新事物新名詞，則以生當今日，紀實書事，
> 酌用今物今名以入詩，亦不外闢詩境之事，而所謂新理致，亦常因

〔註265〕嚴迪昌：《清詩史》（臺北：五南圖書出版公司，1998年10月），頁963。
〔註266〕錢鍾書：《談藝錄》（臺北：藍田出版社），頁207。
〔註267〕錢鍾書：《談藝錄》，頁36。

　　而寓於詩中。〔註 268〕

　　這種創作精神，是清末具有現實精神的詩人的創作中普遍具有的，我們檢視海東四子的創作，就可以發現他們的詩歌創作也是深富散文化的傾向。以下分成以文爲詩、以賦爲詩、以議論爲詩三方面論述。

一、以文爲詩

　　所謂「以文爲詩」，主要是指把創作散文的章法、句法、字法引入詩中。〔註 269〕詩與文各有體製，創作的藝術手法和作品的風格亦異，詩人在創作中，將散文創作的章法、句法、字法技巧引入詩中加以運用，使得詩歌創作兼具散文的風格，即是「以文爲詩」；「以文爲詩」的創作方法，既深於結構布局，內容以敘事爲主，敘事手法又偏重於鋪陳排比，句式也用散文句式，詩意脈絡連貫、語意清楚，因此，形成詩作的散文化風格。詩散文化了之後，可以表現更多不同的內容題材，詩的領域更寬廣了，詩的社會功能也發揮得更爲淋漓盡致了。〔註 270〕不過，散文化了的詩歌較缺乏形象、詩意，一向被視爲是「押韻之文」，不符詩之本色。詩人在創作時，超越詩歌創作的常格，嘗試在創作技巧上轉化變異，這種「破體」嘗試，不僅是爲了求新、求突破，〔註 271〕更是爲了給欲表達的內容找到適合的創作形式。

　　筆者擬從詩歌的章法、句法、字法，以及寫實敘事的手法等方面著手，探析海東四子詩歌創作散文化的情形。

（一）章　法

　　詩創作的篇幅雖然較短，但是作品的結構組織亦不可輕忽，沈德潛《說詩晬語》說：

　　　　詩貴性情，亦須論法。……然所謂法者，行所不得不行，止所不得

〔註 268〕吳天任：《黃公度先生傳稿》（臺北：文海出版社，1978 年 1 月），頁 484。

〔註 269〕王水照：〈宋代詩歌的藝術特點和教訓〉，收入張高評主編：《宋詩綜論叢編》（高雄：麗文文化事業公司，1993 年 10 月），頁 65～頁 68。

〔註 270〕吳小如：〈宋詩漫談〉，收入張高評編：《宋詩綜論叢編》（高雄：麗文文化事業公司，1993 年 10 月），頁 4。

〔註 271〕劉勰《文心雕龍·通變》：「夫設文之體有常，變文之數無方，……通變無方，數必酌於新聲；故能騁無窮之路，飲不竭之源。」王更生：《文心雕龍注》（臺北：學海書局，1977 年 8 月），頁 519～頁 521。錢鍾書《管錐篇》：「名家名篇，往往破體，而文體亦因以恢宏焉。」，頁 890。

不止,而起伏照應,承接轉換,自神明變化於其中;若泥定此處應
如何,彼處應如何,不以意運法,轉以意從法,則死法矣。〔註272〕

此即所謂的「詩法」。詩與文不同,在章法上的安排各有其法。杜甫的古
詩借力於史傳文學插敘、倒敘、補敘等章法,形成「章法奇古,變化不測」
的特點,沈德潛《說詩晬語》:

五言長篇,固須節次分明,一氣連屬。然有意本連屬而轉似不相連
屬者;敘事未了,忽然頓斷,插入旁議,忽然聯繫,轉接無象,莫
測端倪,此運左、史法於韻語中,不以常格拘也。千古以來,且讓
少陵獨步。〔註273〕

杜甫將散文的敘事技巧和章法結構運用到詩歌的創作中的作法,深深影
響了後世的社會寫實詩人。寫實詩人在創作的過程中、在推進詩歌意旨時充
分運用了各種散文的章法,或順敘、或倒敘、或插敘、或補敘、或反接、或
突接,或首尾開闔、或波瀾頓挫、或詳細鋪寫,可說是靈活多端、千變萬化;
有時詩中兼用敘事、議論、抒情三種散文寫作的手法,有時詩作通篇的章法
結構就如同散文般條分縷析、起伏呼應。

海東四子在詩歌創作時,運用散文章法來謀篇佈局的情形也不少,如施
士洁〈舫山罷篆,留別代者于君問樵〉:

昔我舫山來,奇氣不可貯;漢鍔出苔井,冰霜照眉宇。今我舫山去,
龍虎血魚鼠。竊效陶隱居,掛冠向神武。山靈睨我笑,臨歧若相語:
「使君跳盪人,轇轕抑何苦?北山有猨鶴,誰為稚圭侶?三徑有松
菊,誰為元亮主?」我感山靈意,天外想退舉;但恐弱水西,幾輩
復沈羽。老朽蹶前轍,一齊敵眾楚。後軫紛如麻,蠻鄉織煙雨。金
烏色正驕,九陌已焦土。奈何棄故國,裸俗甘逆旅?長揖謝山靈:「孤
立我與汝」!〔註274〕

這首詩除了在形式上是整齊的五言詩之外,就詩旨意的表達、對話的運
應、奇幻的意境等表現技巧來看,和蘇軾〈後赤壁賦〉一文的玄遠迤邐風格
頗為類似,是一首以「以文為詩」技巧寫作的詩作,頗富「文」氣。

許南英〈題王泳翔玉照〉從當前世界新局勢的變化引發國內新舊文化之

〔註272〕沈德潛:《說詩晬語》,收入丁福保編:《清詩話》(臺北:木鐸出版社,1988
年9月),頁524。
〔註273〕沈德潛:《說詩晬語》,頁534。
〔註274〕施士洁:《後蘇龕合集》,頁207。

間的矛盾說起，接著寫自己身為傳統知識分子處在新舊矛盾之間的失落與無奈，再來表達出對相同處境的朋友的關心，最後則提出面對時代新變的應有態度，既提醒自己，也是勉勵友人。在層層轉折逐步推進的過程之中，許南英詩中流露出受挫的失意情緒，但也有對環境變化的理性思考，以及關心朋友的溫馨情誼，在作法上兼用敘事、議論、抒情，充分表現出知識分子在面對時代考驗時的勇氣與對社會國家的責任感。

許南英〈與柯參戎月波會剿石梯、珠環土匪紀事六十韻〉一詩的章法，是以時間順序為線索，條析縷述事件發生的原因、事件發生的經過，最後則以議論作結。原詩甚長，這裡僅引錄敘述事件發生原因的部分：

> 去年我權陽春篆，群盜如麻正驕悍：遭盜死者亡妻孥，避盜生者斷炊爨。陳新陳文是盜魁，更有廖倫盜之冠。長官主撫不主剿，方謂毒攻毒即散；詎知群盜不知恩，天生野性本難馴。自從編列軍中籍，更作逍遙法外人；殺父屠兄民有恨，命儔嘯侶盜皆春。杯弓蛇影相疑忌，報道前營走廖倫。逃軍憲法坐斬律，況原是匪罪何恤？自封偽號定南王，十道軍符招不出。為盜終須為大盜，從前小盜今不造。聯結叛黨備軍械，欲將春江城踏倒。窮民失業俱從賊，漠陽一江多荊棘。官吏因循別肺腸，士夫慘淡無顏色。儒官自恨難荷戈，其奈猖獗如賊何！況是越境難捕賊，坐看百姓日沈疴！警報紛紛朝至夕，始悔受降真失策。陽春檄調過陽江，為民請命吾之責。〔註275〕

詩一開始，許南英先交代群盜驕悍為亂的情形，從他詳細縷述的說明中，我們了解了群盜首領是廖倫，又因為之前長官處理方法的錯誤，不僅群盜問題沒有解決，又造成民生困難，迫使窮民加入匪群，群盜勢力也因此更為坐大，造成安良百姓更大的傷害；群盜並且在陽江、陽春兩邑山區流竄，緝捕更加困難；盜匪問題也就如滾雪球般愈趨嚴重。身為地方官的許南英，在仔細了解情況、檢討問題之後，雖知盜匪問題嚴重解決不易，但仍自勉「為民請命吾之責」。許南英在詩中充分發揮敘述說明的技巧，將陽春、陽江兩縣邑的匪盜問題及剿匪的急迫，一五一十地陳述出來。

丘逢甲〈黃田山行〉：

> 黃田山下寒飆肅，白髮老嫗當道哭。問嫗何事何愁蹙？嫗言有兒昨伐木，遇虎於山飽虎腹。茲山往昔安樵牧，年來有虎傷人畜。嘯侶

〔註275〕許南英：《窺園留草》，頁70。

呼群食而宿，狼藉滿山飛血肉。犬豕未能饜所欲，近村噬人今五六。

談者色變誰能逐？空山輾轉窮無告，殘年自悲成老獨。嗟哉嫗悲良

足悲，惜爾不遇陳公網鼉時！鼉殺兒，訴公知，公殺鼉，償孤兒，

鼉且可殺，虎何能爲？嫗乎！今則將安之？嫗悲嫗徒悲，不如勿悲

嫗且歸。嫗若不歸虎將來，寒雲黯黯白日頹。〔註276〕

這首詩的章法結構，是以時間爲詩意發展線索的順敘法：先寫詩人路經

黃田山下聽到老嫗啼哭，詩人因爲關心而詢問老嫗哭泣的原因，接著寫老嫗

的回答，並透過老嫗的話指出百姓遇到身家姓命不保的困難所在，最後是寫

詩人爲老嫗申冤及對老嫗的規勸，同時也表達出對無視人民疾苦的官員的控

訴。

（二）句　法

「以文爲詩」的風格，在句式上有三種表現方式，一是打破五言七言的

固有音節，摒棄詩歌韻律之美，二是以句型相同的排比句反覆出現造成散文

化，三是以參錯落的散文句法，極力鋪述描繪，〔註277〕有時更出現一連數句

的的散文式排比句。以下就依據這三點來分析海東四子詩歌創作中句法的散

文化特色。

1、拗　句

五言詩的句式，一般多是上二下三的節奏，七言詩的句式，一般多是上

四下三的節奏，這樣的節奏流暢、悅耳；若故意將句式節奏改成上一下四、

上三下二；或上三下四、上二下五、上一下六等……的句式，形成拗撓頓挫

之感，就會打破詩歌原本的韻律，而增添了「文」味。海東四子詩歌的句法

多按照原本正常的句式，但是打破原來流暢悅耳的韻律，而寫成拗扭句式的

句子也非常多，而且句式的結構非常多樣，就五言句的句式來說，有：上一

下四、上四下一、上三下二；就七言句的句式來說，有：上三下四、上二下

五、上一下六；更有一些特殊句式，如「二、一、二」、「一、三、一」、「六、

一」、「三、一、三」、「五、二」等，不過，這樣的句式出現機率是比較少的。

下面依據句式的結構分項，列舉海東四子的拗句詩句於下，以呈現海東諸運

〔註276〕丘逢甲：《嶺雲海日樓詩鈔》，頁52。

〔註277〕何寄澎：〈從美學風格典範之變易論元白詩歌的文學史意義〉，收入衣若芬、

　　　　劉苑如主編：《世變與創化》（臺北：中央研究院中國文哲研究所，2000年），

　　　　頁321～頁352。

用拗句句式的情形。

（1）五言句

A、上一下四：

　　施士洁：惟善刀而藏（頁11）、今復味此意（頁11）、化一塊頑石（頁29）

　　許南英：曰「薄乎云爾」（頁1）、嗤彼簪組人（頁65）、若憑文取士（頁65）

　　丘逢甲：或嫗負幼孫（頁5）、誰實操天權（頁18）、恨不遇紅拂（頁32）

B、上四下一：

　　施士洁：泥雪爪痕誌（頁8）、試浴鵝兒怯（頁22）、狂歌牧豎驕（頁22）

　　許南英：引玉拋磚意（頁110）、鈎心鬪角時（頁117）、東村父老遁（頁136）

　　丘逢甲：爲天謀者誰（頁19）、離別他鄉苦（頁26）、蕭娘呂姥徒（頁52）

C、上三下二：

　　施士洁：羽學書不成（頁3）、居庸關嶙峋（頁4）、松竹梅三友（頁28）

　　許南英：肉皮囊易腐（頁13）、易榮者易萎（頁60）、青雲路自遙（頁85）

　　丘逢甲：青青者慈竹（頁17）、鈞天樂方張（頁18）、吾尤念許虔（頁62）

（2）七言句

A、上三下四

　　施士洁：乘查客欲犯牽牛（頁71）、據社人須防黠鼠（頁71）、卯兮城已築徐巿（頁87）

　　許南英：我必是天上奎星（頁16）、毘舍耶山開一局（頁29）、爲他人作嫁時衣（頁60）

　　丘逢甲：欲奪鵝還屬眾欲（頁15）、看山人再訪禪菴（頁95）、陰那山自雲中起（頁149）

B、上二下五

　　施士洁：繒繳安能撓我志（頁 10）、年來地主殷勤甚（頁 11）、又送
　　　　　　秋風舉子船（頁 11）

　　許南英：倘入滕王新畫本（頁 5）、本是王郎渡桃葉（頁 11）、獨惜歲
　　　　　　寒無雪意（頁 12）

　　丘逢甲：補種詩中十里梅（頁 13）、昨聞鍾子放生說（頁 14）、祇恐
　　　　　　南陽難穩臥（頁 16）

C、上一下六

　　施士洁：如魚揚鬐鳥展翮（頁 38）、或以客爲羊公鶴（頁 42）、怪君
　　　　　　遊興今增健（頁 48）

　　許南英：笑余三度到榕城（頁 4）、知君欲寫別離況（頁 45）、聞君今
　　　　　　有小桃源（頁 49）

　　丘逢甲：謂海可塞山能移（頁 21）、恨我生不逢羲皇（頁 39）、惜無
　　　　　　人與種梅花（頁 76）

　　這些拗句或是出現在絕句、律詩作品中，或是出現在五、七言古體詩裡，使用得非常廣泛。在這些拗句句式中，海東四子運用得最頻繁的是上二下五的句式，其中，施士洁用得又最多；除這一句式之外，施士洁還偏好運用二加一加二這樣的句式，如：「夷三而華五」（頁 1）、「取履與結襪」（頁 1）；許南英則偏好運用上四下一的句式；丘逢甲偏好運用上三下四的句式。若就使用不同句式的拗句類型來看，許南英使用的拗句句式類型最多樣，如：「肚皮不合時宜久」（頁 148），是上六下一的句式；「鯤鱝王入小西門」（頁 10），是三加一加三的句式；「記得白龍庵裡會」（頁 29），是二加四加一的句式；「短歌當虎墓誌銘」（頁 14），是二加一加四的句式；「冷魂飛不過吳淞」（頁 22），是二加三加二的句式；「金銀銅鐵煤」（頁 90），是一加一加一加一加一的句式，都是很特殊的句式；這種特殊句式的數量不多，但呈現出許南英多方嘗試的精神。

2、排比句

　　四子作品中有時爲了鋪敘而大量使用散文式排比句，除連用「或」字、「有」字來排比的句子之外，在詳細分析之後，可以發現海東四子所用的散文化排比句尚有其他的型式，將之整理成簡表列於下：〔註 278〕

〔註 278〕汪春源詩作沒有運用排比句，因此此處不討論。

	施　士　洁	許　南　英	丘　逢　甲
二句組類疊兼排比	1.所求在神仙，所得乃巫蠱。（頁1） 2.在漢好賈誼，在唐好陸贄。（頁7） 3.有淚哭朝雲，有詩戲烏喙。（頁7） 4.或陪陳遵飲，或聯沈約話。（頁8） 5.吁嗟鶴兮誰與遊？吁嗟鶴兮誰爲謀？（頁10） 6.如刀與石相切劘，如舟與纜相係維。（頁34） 7.或以客爲老子龍，或以客爲羊公鶴。（頁42） 8.番客之名甘如飴，番客之苦無人知。（頁122） 9.如追漢將復登壇，如矚文姬還入塞。（頁142） 10.於我既自由，於人亦平等。（頁190） 11.鷺門！鷺門！（頁210） 12.不須尊奉客常何，不須騎射歌李波（頁210） 13.用撫既鮮效，用剿亦宜亟。（頁241） 14.其情較我苦，其境較我危。（頁280） 15.礦溪之水激於矢，礦溪之道平於砥（頁296） 16.王有林邑鬼陣圖，王有高蓋帷亭車（頁311） 17.或燧爾尾竭爾力，或焚爾齒亡爾軀（頁311） 18.冗童！冗童！（頁123） 19.爾何不爲耕稼徒？爾何不爲漁樵夫（頁123） 20.或爲僧道爲醫巫，或爲輿隸爲庸奴（頁123） 21.不然入市溷屠沽，不然浮海從賈胡（頁123）	1.嗟嗟時世人，役役何其苦！（頁13） 2.何以端士習？何以開民智？（頁58） 3.或薦美利堅，或薦德意志（頁90） 4.勿貪過量酒，勿漁非色分。（頁139） 5.祝君壽如迂叟健，祝君詩如耐公賢。（頁164） 6.秋風三徑黃花活，秋聲萬樹喧鵾鳩。（頁171） 7.聽潮樓上秋氣清，聽潮樓下新聲發。（頁171） 8.爲君置酒洗征塵，爲君高吟銷綺慮。（頁172）	1.或翁曬魚網，或媼負幼孫。（頁5） 2.以說餌鵝得鵝想，以詩賸鵝誤鵝往。（頁14） 3.如玉屏張寶帳合，如寶馱象球弄獅（頁22） 4.乃測周圭景以正，乃用傅版功斯施。（頁22） 5.惟楚有山稱九嶷，惟蜀有山稱峨嵋。（頁23） 6.形影爲君單，語言爲君默。（頁25） 7.天有時而傾，地有時而縮。（頁32） 8.車亦不得息，志亦不得舒。（頁32） 9.中離溪湯湯，中離山嶽嶽。（頁56） 10.贈裘可以典，贈金可以受。（頁57） 11.或近籍保昌，或遠居瓊山。（頁57） 12.琴不必響泉作記，尊不必窪中銘字。（頁76） 13.誰歟圖者酸道人，誰歟歌者倉海君。（頁76） 14.宜振者人心，宜作者士氣。（頁110） 15.仙不在菖蒲磵，佛不在風幡堂。（頁215） 16.有矢不得射貪狼，有弓不得掛扶桑。（頁215） 17.黃者徑菊花，碧者門柳絲。（頁244） 18.十日畫一水，五日畫一石。（頁244） 19.無泉不成瀑，無石不生雲。（頁263） 20.西麓爲白雲，東麓爲白水。（頁266） 21.燈光明王亦稱佛，燈光光並日月懸。（頁293） 22.我不能工召洋匠，我不能軍募洋將。（頁304）

三句組類疊排比	1.生不願銅駝頭、銀雁足，豪門炫我九華粟；又不願丹九豹髓白鳳膏，仙家餌我千歲桃；但願今生有書讀，一燈之下樂莫樂。（頁5） 2.如魚揚鬐鳥展翮，又如教坊新脫籍，如退院僧任所適（頁38）		
四句類疊排比	1.無吏不殃民，無兵不比匪，無身不遭劫，無家不被燬。（頁288）		1.莫大于恢復，莫讐於金虜，莫急于用人，莫難于用武。（頁54）
四方輪轉排比	1.築屋東鄰欺，修墓西鄰訾；南鄰命案忽爾移，北鄰械鬪還爾羈。（頁122）		1.東村有荔枝，西村有荔枝，南村有荔枝，北村有荔枝。（頁225）
類推排比	1.護堂見我笑且慰，外雖坦蕩中未平。荊妻見我獨緘默，入室幸無交讁聲。吾兄疑我不經意，阿婆得無孩倒繃。吾師責我不攻苦，墨水何止飲一升。出門戚友既我薄，入門僕婢皆我輕。（頁18）	1.林君有同嗜，邱君喜欲狂，王子手附驥。（頁3） 2.富者恃貨財，貴者恃簪組；儒者何所恃？（頁61）	1.上為茲山發厥秀，下為吾廬言其私。中間慷慨論時事，若屈奇詭梁哀噫。（頁23）
映襯排比	1.去年瀛南乍北上，今年瀛北將南旋（頁25） 2.地何必有海，乍平忽又瀾？天何必有月，多缺乃少圓！（頁144）	1.昔為此邦人，今為此邦客。（頁107）	1.乍願君如天上之月出海復東來，不願君如東流之水到海不復回。（頁24） 2.山中水，出山不復清；海中月，出海還復明。（頁25） 3.不恨見越公，恨不遇紅拂。（頁32） 4.死者不復生，生者多庸庸。（頁55） 5.施者雖無求，受者固不苟。（頁57） 6.不見卿雲糺縵色，但見浮雲蔽西北。（頁122） 7.故人訪我東海來，春風萬里心顏開。故人別我東海去，臨歧各短英雄氣。（頁179） 8.筮亦不能短，龜亦不能長。（頁215） 9.死不用青蠅吊仲翔，生不用金雞下夜郎。（頁216） 10.雲動天地浮，雲靜天地肅。（頁264）

層遞兼排比	1.君不見蓬萊羽士拍天起，時行則行止則止；欲往從之借草履，恨不深山遇鳳子。又不見來歸丁令心，鬱陶數聲淒絕聞，霜皐有鳥有鳥歌，且號遼東城郭秋草高。（頁10） 2.君不見張子同浮家泛宅烟水中，奴婢樵青與漁童？又不見陸魯望散人自在江湖上，筆牀茶竈吟暢懷？（頁79） 3.我生不能立談唾手博卿相，側身袞袞層霄上；又不能親提雄劍斬樓蘭，金印如斗懸腰間。（頁85） 4.生不能作督九州位牧伯，肯與越秦較肥瘠；又不能披髮入山恣所適，狂來一笑棄冠幘。（頁97） 5.君不見前明崇禎癸未春，邏卒驚倒喪門神；又不見河北羊毛入茄裡，千人食之萬人死。（頁120） 6.君不見陳琳一紙愈風檄，丞相之頭如脫械；又不見枚叔七篇發汗文，太子之疾如解蛻。（頁142） 7.昔聞阿承淑女臥龍耦，琴在御兮瑟與友。又聞鹿車健者桓少君，千秋荊布輝釵裙。（頁164） 8.嘗聞舜行如羊羶，又聞治國如烹鮮。（頁210） 10.我聞夾漈堂，著書創巨構；又聞一拂祠，尺幅萬狀湊。（頁265） 11.昔聞漢施讎，經學實專席；又聞唐肩吾，詩學亦巨擘。（頁275）	1.我聞用拙存吾道，又聞巧者拙之奴。（頁93） 2.惜非著翅人，御氣任翺翔；又非王子喬，俄頃到君旁。（93頁）	1.一燃百病爲之蠲，再燃壽命爲之延；三燃福慧雙雙全（頁293） 2.前年韓山留瓣香，今年東山陳脩羊。（頁100）
交錯排比	1.先生品格何清臞，老梅獨占孤山孤。……先生意氣何舒愉，瑤琴一曲薰風俱。（頁20）	1.炎海深無極，如君送我情；海水碾飛輪，如君送我行。（頁43） 2.戒爾收放心，放心學無濟	1.看雲不作狄梁公，屈身幾以牝朝終。看雲不作杜陵翁，許身稷契仍詩窮。（頁121）

	2.望公他日守豫章，南州高士友徐稺；望公他日令雍邱，東京循吏師劉矩。（頁151）	；戒爾須謹言，謹言少罪戾。（頁92） 3.屋中何所有？圖書千萬軸；屋外何所有？春蘭與秋菊。（頁103）	2.山下有林處，村墟各耕牧。山上有林處，中皆道釋屋。（頁264）
雙句交錯排比	1.有酒勸我千萬斛，何如當心爲我攻一砭；有花媚我千萬種，何如當頭爲我喝一棒。（頁34） 2.問我何所有？青氈傲田屋；問我何所好？青箱抵金玉。（頁68）	1.東村因鬪死，西村死相仍。……東村父老遁，西村雞犬驚。（頁136）	1.有鵝不送陳大夫，恐殺而食登諸廚。有鵝不送王將軍，恐籠而去傷其群。（頁14） 2.滿山皆奇石，欲拜不勝勤。滿山皆甘泉，欲品難爲分。（頁263） 3.羅浮迎我來，白鶴山中起。羅浮送我去，白鶴城中止。（頁266） 4.毋謂民多頑，見神頑者馴。毋謂民多貧，祀神富不貧。（頁313）
三組交錯排比	1.公如衛武公，上壽彌溫克。公如郭汾陽，百福萃一堂。公如武夷君，孫曾累千億。（頁242）	1.軍曰備糧糧，糧糧美且精；軍曰備宿舍，宿舍敞而明；軍言不如意，叱咤莫敢攖。（頁136）	
四組交錯排比			1.梅癡寫梅寫其神，淋漓癡墨天爲春。梅癡寫梅自寫眞，癡魂變現梅花身。……梅癡於梅癡得之，千金癡散梅益奇。梅癡賣梅不賣癡，寫梅傾動西南夷。（頁309）
多重技巧排比			1.生不願作蠻夷大長漢老臣，亦不願作朱明洞主秦仙人；但願珠江排日泛花舫，花光照海海不塵。（頁33） 2.斯材不可得，令我思悠邈。斯材縱可得，欲出傷謠諑。（頁56）

　　海東三子運用排比句子時，多是在古體詩中。從整理表中所列的資料來看，施士洁運用排比句法的次數最多，而且排比句的組合方式類型也最多；許南英較少使用排比句，類型變化也不多；丘逢甲使用排比句的次數居中，比較讓人注意的是他喜愛運用較爲複雜的交錯排比句，另外，基本型的交錯排比、雙句的交錯排比、四組的交錯排比，他都有運用。

3、參差錯落的句法

沈德潛《說詩晬語》：

> 文以養氣爲歸，詩亦如之。七言古詩或雜以兩言、三言、四言、五
> 六言，皆七言之短句也。或雜以八九言、十餘言，皆伸以長句，而
> 故欲振蕩其勢，迴旋其姿也。其間忽疾忽徐，忽翕忽張，忽渟瀯，
> 忽轉掣，乍陰乍陽，屢遷光景，莫不有浩氣鼓盪其機，如吹萬之不
> 窮；如江河之滔漭而奔放，斯長篇之能事極也。〔註279〕

運用長短句子錯落交雜，以造成詩意迴盪轉折，如同散文一樣，這種詩
歌創作的句法運用，在海東四子的創作中亦不乏例子，例如施士洁〈怨齋瀕
行，賦贈長歌一篇，如韻和之〉一詩的部分：

> 鷺門，鷺門，是否殖民窟？萬古青山何處瘞詩骨？他年命盜倘開門，
> 此日徙薪先曲突。怨齋先生顚我笑，莫作荊卿受徵調。先生磊落本
> 英多，如椽大筆厓可磨！不須尊奉客常何，不須騎射歌李波，惟有
> 紅袖青衫兩渴羨，天涯到處留題遍。千秋寂寞身後名，老子韓非或
> 同傳。吁嗟乎噫嘻！放懷長歌宇宙窄，那管人間萬事迫？芷蘭誰爲
> 遷客哀，酹酒寒江引湘魄。〔註280〕

在這裡以五言、七言的句子爲基，又雜有二字句、五字句、七字句、九
字句，在長短句子轉換之際，加上「是否」、「何處」、「那管」、「誰」等追問、
反問疑問詞的使用，以及「不須……不須……惟有」兩次否定之後再肯定的
強調，還有「吁嗟乎噫嘻」的長聲慨歎，施士洁對於鷺門的淪陷的憤恨之情，
也就在起伏振盪的文氣中充分流露出來了。施士洁〈三角莊歌寄厚菴〉一詩，
也是長短句子參差交錯的作品，在長短錯落的句子之中，既述及對方，也交
代自己的情況；既憶往昔，也話當前，因此形成一波三折、迤邐迴盪的文氣，
起伏曲折中更可看出施士洁的功力：

> 三角莊，誰氏郎？神仙胎息原純陽，文名嘖嘖雷貫耳，詩筆鎧鎧冰
> 浣腸。我來鯉魚城，見之喜且狂。呂安不敢誚凡鳥，無雙自是江夏
> 黃！伯喈坐中佳士各羅列，軒然獨鶴矯翩立我旁。君修弟子職，我
> 居丈人行；單父呂公有令嗣，充閭跨竈君其昌。君家昆季今五常，

〔註279〕沈德潛：《說詩晬語》，收入丁福保編：《清詩話》（臺北：木鐸出版社，1990
　　　　年9月），頁535。

〔註280〕施士洁：《後蘇龕合集》，頁210。

馬氏白眉無此良。何況坦夫踵起聖功後，祇有竹林二阮差足當。施
豐頗自詡家學，一時拜倒青箱王。兩重鹿耳門，七道鯤身洋，妖氛
千丈擘空起，三十六嶼煙茫茫！〔註281〕

　　另外，施士洁又有〈鷺門晤日本詩人串宇鈴村讓〉一詩，是以七言句為
主，但其中有十一字的句子：「諸公衰衰二十世紀之舞臺，串宇先生掀髯一笑
浮雲開。」又如〈抱琴圖為尺樓題〉一詩，以七言為主，中雜有九字句、十
字句、十三字句：「君不見禹章石室五音起，仙籟冷冷一絃耳；又不見梅花三
弄陳郡莊，手揮駐電飄□□。……嗚呼鍾子往矣知者誰？胡乃自炫其技為？
君我不冠不帶不衫履，曷不徜徉乎鯤身之涘鹿耳之湄？」〔註282〕都是參差錯
落句法的例子。

　　許南英的〈海漫漫〉：

海漫漫，誰是求仙海外還？浪說蓬萊金玉闕，虛無縹渺誑人間！有
人鼓浪衝波去，秋水連天不遇仙。仙在人間人不見，升天入地求之
遍。徐福樓船東復東，一去東洋不復轉。海漫漫，空無際；那有仙
舟海上繫？辨石已無嚴君平，好奇偏笑秦皇帝。吁嗟乎！半生名利
客，一夢入邯鄲；縱有神仙傳妙語，世人枉自鍊金丹。〔註283〕

　　還有〈過木棉庵〉：

小朝廷，小於鼠，平章軍國癡兒女！半閒堂，閒於僧，笙歌夜夜西
湖燈。滿堂鬥蟀秋風起，相公行樂醉未已！醉中不見強胡來，縱使
胡來亦可喜。……木棉庵，漳城南，樹獨如此人何堪！鄭虎臣，宋
小吏，屠賊直如屠狗易！報仇十載心，愛國兩行淚！皮囊可惜入佛
堂，遺臭至今尚圜廁。我來庵畔弔斜陽，千古忠奸兩渺茫！〔註284〕

　　許南英另有〈猗蘭嘆〉：

猗蘭歎：惆悵春江畔，凡草貴，蘭花賤！何物賣花奴，百錢二十
箭！吁嗟乎國香！爾何不在黃金屋、白玉堂！豪華珠履三千客，
旖旎金釵一南行。芍藥牡丹同供養，追陪花相與花王。不然幽居
在空谷，朝榮夕萎同草木；絕壁懸崖不可尋，望風懷想君幽獨。
峻品如斯高位置，或出或處得其義。天涯何處無知音，何必風塵

〔註281〕施士洁：《後蘇龕合集》，頁96。
〔註282〕施士洁：《後蘇龕合集》，頁187、頁14。
〔註283〕許南英：《窺園留草》，頁22。
〔註284〕許南英：《窺園留草》，頁138。

貶價值！〔註285〕

許南英這三首詩作，都是以七言爲主，其中相間夾雜著三言、五言的句子，雖然句子的長短變化沒有像施士洁那樣多樣，但是，長短句子打破整齊的詩歌節奏，在文氣頓挫之間形成散文化的情形則是一樣的；尤其，後面兩首詩更因爲頻頻換韻，更進一步打破詩歌的格律，散文化的風格更爲強化。

丘逢甲〈東山松石歌和鄭生〉一詩，也是詩歌具有散文風格的例子：

> 大陰黑、耀靈匿，天上風雲慘無色。飛虎伏、神龍蟄，龍化爲松虎化石。君不見南海之濱、東山之陰，松蒼蒼兮石碧。松石間，誰所祠？睢陽張許雙靈旗。前游者驅鱷韓昌黎，後則啼鵑帶血之文文山來題詞。諸公皆與此松此石深相知。當松髯兮怒張、石齒兮憤吐，恍惚見斥庭湊，罵祿山而拒蒙古。安知佛骨未焚，別出胡神欲代今天作之主。大海茫茫，環起胡虜，叛臣不必定在節使府。坐令絳灌無文、隨陸不武，衣冠道喪道實苦。松耶？石耶？安得風雲復奉爾爲龍而爲虎？〔註286〕

丘逢甲這一首詩，有二字句、三字句、四字句、六字句、七字句、八字句、九字句、十一字句、十二字句、十三字句，在句法上的變化更爲參差錯雜，再加上丘逢甲押韻不按常法，又頻頻轉韻，這一首詩歌直如散文一般。再看他的〈七洲洋看月放歌〉：

> 舟行雙輪月隻輪，青天碧海無纖塵。茫茫海水鎔作銀，著我飛樓縹緲獨立之吟身。少陵太白看月不到處，今宵都付渡海尋詩人。月輪天有居人在，中間亦有光明海。不知今宵可有南去乘舟人，遙望地球發光彩。地球繞日日一週，日光出地月所收。此時月光照不到，尚有大地西半球。此時月光隨我來南遊，大千界中有此舟。〔註287〕

這一首詩的句子多屬七言、九言、十一言的長句，變化不大，但是詩意在延宕迤邐中緩緩鋪排推進，較少詩歌精鍊跳躍意象的呈現，再加上詩的語言既口語又通俗，也因此而散發出散文化的風格。

這種參差錯落的句法打破詩歌原有的格律及節奏，又因爲長短不一的句

〔註285〕許南英：《窺園留草》，頁74。
〔註286〕丘逢甲：《嶺雲海日樓詩鈔》，頁102。
〔註287〕丘逢甲：《嶺雲海日樓詩鈔》，頁140。

子使得音律的頓挫更被強調，詩歌的散文化也就形成了。這種參差錯落的句法多出現在雜言古詩的作品裡，施士洁、丘逢甲這類體式的作品較多，這種現象造成散文化風格的情況也比較容易看到；許南英雜言古詩作品較少，不過也都能呈現出這種散文化的特徵。

（三）字　法

錢鍾書《談藝錄》：

> 蓋周秦之詩騷，漢魏以來之雜體歌行，如楊惲拊缶歌、魏武帝諸樂
> 府、蔡文姬悲憤詩、孔雀東南飛、沈隱侯八景詠，或四言、或五言
> 記事長篇、或七言、或長短句，皆往往使語助以添逶迤之概。〔註288〕

詩歌創作中採用語助詞，自《詩經》、《楚辭》已開其端；致於詩中語助詞所發揮的功用，劉勰《文心雕龍・章句》說：

> 據事似閑，在用實切。巧者回運，彌縫文體。將令數句之外，得一
> 字之助矣。〔註289〕

劉大杰認為：「《詩經》中使用多樣的語助詞，不僅使詩的形式音律增加了美麗，而且使詩的情感增加真實與力量。」而「這些語助詞，無疑的都是當日民間的口頭語」，「有的是表驚歎，有的是表疑問，有的是表歡欣，有的是表悔恨。由於這些語助詞的使用，使得那些詩篇更接近口語，更接近自然，顯示出詩經民歌的特色。」〔註290〕

王照指出：

> 語言代有變遷，文亦隨之。孔子所謂述而不作，係指禮教之實而言，
> 非指文字而言。故以孔子之文，較夏殷之文，則改變句法，增添新
> 字，顯然大異。可知係就當時俗言肖聲而出，著之於簡，欲婦孺聞
> 而即曉。凡也、已、焉、乎等助詞，為夏殷之書所無者，實不啻今
> 之白話文增入呀、麼、哪、咧等字。孔子不避其鄙俚，因聖人之心
> 專以便民為務，無文之見存也。〔註291〕

晚清詩人在詩歌創作中運用語助詞，和當時正在醞釀進行的語言文字革

〔註288〕錢鍾書：《談藝錄》（臺北：藍田出版社），頁83。
〔註289〕王更生：《文心雕龍注》（臺北：學海書局，1977年8月），頁572。
〔註290〕劉大杰：《中國文學發展史》（臺北：華正書局，1977年5月），頁56～57。
〔註291〕王照：〈官話合聲字母原序〉，收在《王小航文存》卷一，28頁。《清代詩文集彙編》787（上海古籍出版社）。

命運動有關，也和新派詩人將時語俗語新詞運於詩中的創作方法有關。晚清新派詩人詩歌之中使用的語助詞，除了助詞、歎詞之外，還有連接詞和介系詞，〔註292〕這些虛詞的運用，是詩歌散文化風格形成的因素之一。或有以為語助詞、連詞等夾雜在著重意象的詩句中會破壞詩歌意象的呈現，中斷了綿密詩意的貫連；但是不可否認的，這也使得詩歌得以層層轉進、淋漓鋪述，而這正也符合晚清詩人欲達紀事寫實的詩歌創作目的的詩歌藝術形式。海東四子作品中的語助詞，無論是助詞、歎詞、連接詞或介繫詞，都有運用到，而且使用的次數甚是頻密。下面列舉數例為證：

施士洁

1、〈哭王生詠裳〉：「甚矣勞薪儃，傷哉斷梗飄。」〔註293〕

2、〈疊前韻〉：「一葉飄萍今去也，天風淅淅海茫茫。」〔註294〕

3、〈避疫〉：「青天萬口官稱賢，械鬥之民何辜焉！」〔註295〕

4、〈鷺社歎〉：「咄哉芙蓉毒有終，若輩之毒乃無窮！」〔註296〕

5、〈「刺麟謠」寄答鸝塵鮀江〉：「潮州有客來廈門，為我數典奇且新。韓公雄文昔驅鱷，怪哉健筆今踏麟。麟不為瑞乃為賊，疑是方臘之後身。噫吁嘻！麟不為瑞乃為妖，麟皮驢質人爭嘲。……爾驢既畏虎，我虎亦憎驢。問驢豈是真麟歟？相逢楊烱笑吃吃。……祿山豬龍猛於虎，相公未敢輕胡雛。以豬敵麟力有餘，而況以虎敵麟乎？麟不為瑞乃為祟，是麟是驢一而二。」〔註297〕

許南英

1、〈紙〉：「昔子貴之時，曾居洛陽市。洛陽人情何？曰；『薄乎云爾』！」〔註298〕

2、〈筆〉：「毫末不敢私，盡心而已矣。」〔註299〕

3、〈和秋河送行原韻〉：「家山悵已矣，避地偕寡兄。」〔註300〕

〔註292〕這些語助詞雖然缺乏實際的意義，不能單獨充當句子的成分，但是在語言結構中具有某種語法功能，或表達某種情感色彩。
〔註293〕施士洁：《後蘇龕合集》，頁86。
〔註294〕施士洁：《後蘇龕合集》，頁112。
〔註295〕施士洁：《後蘇龕合集》，頁120。
〔註296〕施士洁：《後蘇龕合集》，頁201。
〔註297〕施士洁：《後蘇龕合集》，頁218。
〔註298〕許南英：《窺園留草》，頁1。
〔註299〕許南英：《窺園留草》，頁1。

4、〈和杜鵑醉歌行原韻〉:「哀哉綠營亦可憐!」〔註301〕

5、〈猗蘭歎〉:「譬之志士有懷抱,世無明王傷潦倒。」〔註302〕

丘逢甲

1、〈實父以木棉雙鶴歌見寄,時約游端未果行,次韻寄答〉:「人生萬事
聊以自娛耳,黃屋左纛將如何?」〔註303〕

2、〈東山松石歌和鄭生〉:「松耶?石耶?」〔註304〕

3、〈游羅浮〉:「非石亦非木,非青亦非綠。」〔註305〕

4、〈舟泊鳳凰臺寄懷季平〉:「樂莫樂兮新相知,悲莫悲兮初別離。」
〔註306〕

5、〈游羅浮〉之二:「偉哉造化工,繪此餉眼福。」〔註307〕

　　海東四子詩中所用之語助詞,屬於助詞的有:「哉」、「焉」、「兮」、「耳」、
「耶」、「矣」、「之」、「乎」、「歟」等;屬於嘆詞的有:「嗚呼」、「噫吁嘻」等;
屬於連接詞的有「且」、「或」、「然而」、「又」、「亦」、「也」、「而」、「所以」、
「何以」、「果然」、「然」:屬於介繫詞的較少,有:「以」、「於」、「乃」等。
因資料繁多,以施士洁、許南英、丘逢甲作品集中一頁至一百頁為範圍,將
其中較常使用的虛詞分類列成表格,此處所列表格為海東四子這一百頁中較
常使用的虛詞運用次數的統計表,以呈現海東四子運用虛詞的情形。

海東四子作品語助詞統計表（以其詩集第 1 頁至第 100 頁為範圍）

語助詞	施士洁	許南英	丘逢甲	語助詞	施士洁	許南英	丘逢甲
哉	22	5	13	且	16	12	31
乎	9	2	8	亦	55	62	32
耳	6	2	6	與	81	52	45
矣	18	6	2	又	46	28	18
兮	8	2	2	而	28	8	16

〔註300〕許南英:《窺園留草》,頁 43。
〔註301〕許南英:《窺園留草》,頁 177。
〔註302〕許南英:《窺園留草》,頁 74。
〔註303〕丘逢甲:《嶺雲海日樓詩鈔》,頁 256。
〔註304〕丘逢甲:《嶺雲海日樓詩鈔》,頁 102。
〔註305〕丘逢甲:《嶺雲海日樓詩鈔》,頁 263。
〔註306〕丘逢甲:《嶺雲海日樓詩鈔》,頁 107。
〔註307〕丘逢甲:《嶺雲海日樓詩鈔》,頁 262。

之	30	22	34	然	41	15	32
者	38	16	37	或	15	5	8
也	12	8	7	不然	2	1	6
其	19	19	21	於	31	8	14
嗚呼	3	3	0	以	28	17	27
吁嗟乎	2	4	2	乃	24	7	45
即	8	7	64	所	32	6	20

　　從上所列，我們可以看出施士洁、許南英、丘逢甲各自偏好喜用的字有所不同，如施士洁使用次數偏多的有「哉」、「之」、「者」、「與」、「然」、「所」等字；許南英使用次數偏多的有「亦」、「與」、「又」等字；丘逢甲使用數偏多的有「之」、「者」、「即」、「且」、「與」、「然」、「乃」等字。若就整體來看，他們運用連接詞的次數最多，這些連接詞發揮的作用，或是正面銜接文意，或是轉折推進、或是排比並類，造成文氣起伏轉折、波瀾盪漾，也可使詩意不斷發展下去，這些方法的運用造成到他們詩作散文化風格的形成。

二、以賦爲詩

　　劉勰《文心雕龍・詮賦》：「賦者，鋪也。鋪采摛文，體物寫志也。」詩人採用「賦」法時，極盡鋪排揚厲、窮形盡態的技巧，以達到體物寫志的目的，詩作自是淋漓酣暢、情貌無遺；不過，鍾嶸《詩品》也指出「賦」法運用在詩歌創作中的缺失：

> 直書其事，寓言寫物，賦也。……若但用賦體，患在意浮，意浮則
> 文散，嬉成流移，文無止泊，有蕪漫之累矣。〔註308〕

　　「賦」法的運用，不利於詩歌意象的營造，卻符合敘事寫實社會詩的寫作需要。敘事詩的內容多反映當時社會的種種現象或問題，這些具「詩史」精神的紀事詩，既具有鮮明的時代色彩、深刻的社會意義，在藝術成就上也有特色。蕭亭指出：

> 樂府之異於詩者，往往敘事。〔註309〕

　　「敘事」即是以「賦」法來寫成的，這一方法的運用，也是造成詩歌散

〔註308〕見陳延傑：《詩品注》（臺北：臺灣開明書店，1978年10月臺七版），頁4。
〔註309〕郎廷槐等著：《師友詩傳錄》，收入丁福保編：《清詩話》（臺北：木鐸出版社，1988年9月），頁132。

文化的因素之一，因為「賦」法的語言特徵在於『直陳』，龔鵬程〈論詩史〉
說：

> 在語言結構上，以邏輯的推理及因果的關聯性為主，所以在表達上
> 也以時間與地點之布列為線索；其次，則是語言與現實的關係，直
> 接而緊密，由於它直陳時事，故語句不僅明確的指涉，其指涉多半
> 也是可以檢證。〔註310〕

「事」是敘事詩的根本要素，而「事」具時間性、空間性，所以敘事詩
也就有情節的發展，在敘事時，運用連詞來緊扣前後文氣或轉折推進文意；
除此之外，「賦」法亦可參差錯用詳盡鋪敘、假設對問、徵引排比、臚列歷數、
虛實交迭、正反映襯等手法，以摹寫描繪景物、細述事件發生經過，或是逐
層轉進剖析，以面面俱到、反覆陳述詩歌的旨意。

施士洁早期的詩歌已有運用賦法的例子，例如〈中港遇雨〉：

> 連朝竹塹苦守雨，客心煩急如搥鼓。
> 今見雨晴始上路，出門十里又昏霧。
> 老天妬我將還家，千絲萬點當前遮。
> 雲樹茫茫鳥飛絕，兩耳但覺聲喧譁。
> 僕夫抱怨走且趺，短衣沾溼冷於鐵；
> 篋輿賈勇到前村，息肩喜傍人煙熱。〔註311〕

這裡有視覺、聽覺、觸覺等感官知覺的摹寫，這樣的寫實手法，將當時
他在中港途中眼所見、耳所聞、膚所感的一切，生動地在詩句中再一次重生，
對閱讀的讀者來說，有親歷其境之感。再如〈曾文溪晚渡〉：

> 片筏盪柔風，溪水平於掌。終日籃輿中，到此忽開朗；
> 遙眄輕鷗飛，晴沙明十丈。林巒漸移去，但聽潺湲響。
> 和之以吟聲，天籟戛然爽。我時覺大快，雲外一頭仰；
> 夕照下遲遲，鴉陣來三兩。轉眴即彼岸，風景頓殊曩。
> 雜花生荒田，瘦草遍溼壤。敧斜數間屋，微露炊煙上。
> 舍彼復登輿，得得前邨往。市近雀聲喧，樹深燈影晃。
> 邨歌不見人，野色沈蒼莽。〔註312〕

〔註310〕龔鵬程：〈論詩史〉，收入《詩史本色與妙悟》（臺北：臺灣學生書局，1993
　　　　年2月），頁55。
〔註311〕施士洁：《後蘇龕合集》，頁24。

　　施士洁這首詩也是採用摹寫的方法，將沿途眼所見之景、耳所聞之聲，據實詳盡的加以描繪，令讀者讀來有如親自見到施士洁所見之景、聽到施士洁所聽之聲。這兩首詩賦寫的對象是自然景物，施士洁在章法的安排上採用順敘的方法逐一遞進敘寫，散文風味立現；不過，在散文風格之中，如「遙眄輕鷗飛，晴沙明十丈。林巒漸移去，但聽潺湲響」、「夕照下遲遲，鴉陣來三兩」、「雜花生荒田，瘦草遍涇壤」等句子，仍然具有充足的詩歌意象。

　　內渡之後，施士洁運用賦法的手法更加具體寫實。他在〈避地鷺門，骨肉離邐數月矣，歲暮始復團聚。舉家乘小輪船赴梅林澳，風逆浪惡，不得渡，晚宿吳堡，感事書懷〉詩中，對乙未年日軍侵臺、臺灣民主國失敗、大將遁逃、盜匪內亂、造成血流漂杵、屍填溝壑等當時的戰爭慘狀，有悚目驚心且具體的描述：

> 赤嵌城外血倒流，渡海心魂猶耿耿。噫吁嘻！黑旂屹立瀛之湄，七星照耀千態羆。大刀阿縱萬口推，萬耳傾動無目移，一聲號令風霆馳，神威嚇殺佛郎夷，咄哉海外窮波斯，餘子措大顛更痴，棧豆俛首甘受羈，市井紈絝揚旌旄，登壇狂笑書生雌，公然幾日雄鬚眉。犬牙鷹爪復隸之，坐使鯤鹿眠蚩蚩，一時囊括靡孑遺，貧者次骨富者危，十族爪蔓相攀追，滿城飲鴆甘如飴。……東瀛之南方驛騷，水雷鋼甲來幾艘，十圍巨礮翻狂濤，圓臺廣壁立不牢。群酋銕騎聲怒鏖，皇皇大帥宵連逃！槍林彈雨紛如猱，淋漓碧血膏彼刀，嶙峋白骨填我濠，水火疫癘相煎熬，浩劫似此古罕遭！〔註313〕

　　施士洁〈法蘭西國大革命歌〉一詩，是一首一百多句的歌行樂府，他在詩中詳述十八世紀末葉法國大革命的史實，從法國國王路易的專制釀成革命說起，再寫革命黨員互相爭鬥殘殺的經過，一直敘寫到拿破崙稱帝專權失敗，可以說是押韻的法國近代歷史濃縮版。這裡節錄其中一部分，以呈現其賦法技巧的運用情形：

> 米拉伯爵奮袂起，乃心王室而已矣。可憐杯水敵車薪，志士先鳴孤掌死。拉飛咽侯忠且賢，共和欲法美利堅。醫方病證兩刺謬，禍貽祖國數十年。巴黎市長推伯利，選舉普通下議院；一時結集盡名流，斷頭臺上無噍類！三子才望雲天高，國民領袖真人豪。善因惡果竟

〔註312〕施士洁：《後蘇龕合集》，頁46。
〔註313〕施士洁：《後蘇龕合集》，頁79。

如是，炎岡玉石誰能逃？從茲黨派互蠻觸，劃分平野與山嶽。人權平等終不平，八十六州民觳觫。屠王太阿今倒持，宮中喘息危懸絲；勤王黨敗鄰援絕，獨夫授首無人悲。亂民暴動半梟獍，強者一呼弱者應；馬拉雖歿埃卑存，妄以市廳執國政。焦月黨魁稱段敦，樹幟別開社會門；但有破壞無建社，誤騎虎背成狂奔。羅伯卑爾尤鷙狡，同黨人人不自保。段埃鼎足勢既亡，國賊有心覬大寶；剪除異己戮無辜，嫌疑九法相攀誣。忽然操戈在同室，賊人自賊何為乎？紛紛餘黨歸淘汰，警保國安立兩會。〔註314〕

許南英早期作品中亦有具寫實風貌的，如〈臺灣竹枝詞〉如實記敘寫臺灣人民過節的習俗與節慶熱鬧的情況，下面引錄四首以見其風貌：

　　大南門外路三叉，二月遊春笑語譁。

　　桂子山頭無數塚，紙錢飛上棠梨花。

　　佛頭港裡鬥龍舟，擠擁行人到岸頭。

　　曾記昔年逢驟雨，倉皇紅粉跌中流。

　　盂蘭大會最聞名，雞鴨豚魚飯菜羹。

　　一棒鑼聲初入耳，有人奮勇上孤棚。

　　冬至家家作粉彈，兒童不睡到更闌。

　　巧將糯米為龍鳳，明日鄰家共借看。〔註315〕

〈鼓山紀遊〉也是許南英早期的作品，是一首以賦筆寫成的寫實詩作，全篇共七十八句，以時間發展為敘事的線索，依序記述遊山的原因、經過、結果。詩作一開始，先交代遊山之因：「我昔在家山，曾讀古閩誌：榕城有鼓山，日夕縈夢寐。想欲一登臨，林君有同嗜；邱君喜欲狂，王子爭附驥。壬午中秋後，同人畢秋試；相約出南臺，不待攜襆被。」接著敘述買舟備糧、拾級登山的經過：「命僕買扁舟，呼童裹乾糧；馬江一帆風，山門頃刻至。一水慰溯洄，眾山何嵬巋。斯遊亦有緣，拾級從此始。萬壑遍秋聲，數家饒野思。松柏蔽天青，藤蘿纏石翠。樵牧時或逢，猿鳥遙相避。百丈流泉飛，一聲清磬墜。已到半山亭，有僧掛錫寄；揖客入禪房，席地蒲團坐。」這時已經「腳力疲」的許南英，接受寺僧的贈言：「請看摩厓碑，欲罷不能字。努力向前途，勿負初來志。」因此再加勉力往上登爬，接著，許南英如實敘述登

〔註314〕施士洁：《後蘇龕合集》，頁138。
〔註315〕許南英：《窺園留草》，頁10。

山沿路所見：「石蹬六千層，縱步憂顛躓。盪胸暮雲升，刮面西風恣。更衣搆小亭，聞是王忠懿。巒嶂秀摩天，殿堂高矗地。」此殿堂即是山頂上的湧泉寺，山頂風光別有天地，許南英又一一敘寫在此殿所見以及自己的活動情形：「座上證菩提，佛前看舍利。亦有百歲僧，袈裟脫半臂；捫蝨向斜陽，旁若無人意。山樓亦明淨，開筵飯疏食，指點翠微間，大師驅山魅。獨登屴崱峯，與天通謦頦。蒼崖翠壁間，處處探幽邃。掃石讀新詩，妙語中心醉！山鳥啄稻粱，池魚爭餅餌。月影入檐低，苔痕上堦積。山樓枕簟涼，疏鐘擾清睡。」許南英深覺此遊之妙，於詩末嘆曰：「勝遊足千秋，客心空萬累」，因此「歸來有短吟，當作遊山記」。〔註316〕

許南英〈與柯參戎月波會剿石梯、珠環土匪紀事六十韻〉是一首一百八十句的七言長詩，其寫實技巧達到顛峰，詩作從石梯、珠環形勢造成匪亂的原因說起，再描述匪徒危害民生的情形，接著寫他與柯月波招兵戡賊、柯參戎的英勇魄力、高明謀略，再寫兩人如何誘賊、困敵、擒賊的過程；寫得聲勢逼人、靈活靈現。這段文字緊湊流暢、動感十足，雖是七言一句的整齊形式，卻發揮了小說一般的敘事寫實的效果，令人驚喜！下面節錄其中一段精彩的描述：

> 柯公弢鈐有奇特，能使健兒齊致力。六路分攻八面圍，群盜欲逃逃不得。匹馬身爲士卒先，將軍小隊出淋田。萬山壁立羊腸逕，險仄崎嶇馬不前。將軍縱鞭驅坐騎，冒險故犯兵家忌；諸將賈勇爭先登，附葛攀藤猶整隊。群盜拍手立山頭，翻笑將軍殊不智；輕將馬上千金軀，爲我弟兄入危地！忽聞巨礮如雷轟，上下四旁皆醜類；彈雨紛紛下不止，群盜四圍伏莽起。揮兵轉戰一當千，將軍一鎗廖倫死；覆巢之下卵無完，竟入虎穴得虎子。豕突狼莽賊自潰，更有一軍擊其背；因風縱火焚賊巢，先圍黃山次良愛。練紳許生膽亦壯，弱不勝衣與賊抗；陳新陳文齊受擒，群盜慄然心膽喪。蕭蕭落木寒風號，天接峰頭百丈高；捨命突圍匿山谷，計窮將以逸待勞。斷崖絕壁懸空際，虎以負嵎爲待計；將軍下令縱火攻，復嚴要隘斷接濟。天公作美怒飛霜，凍者墮崖餒者斃。〔註317〕

〔註316〕許南英：《窺園留草》，頁3。
〔註317〕許南英：《窺園留草》，頁70。

至於〈和杜鵑醉歌行原韻〉，是九十句的歌行體詩作，在長短交疊的詩句中，清楚敘述了辛亥革命瞬息千變的情況，與民國初年軍閥爭權、政局紛亂的發展演變。下面引述詩中描述辛亥革命經過其中一部分：

> 忽聞霹靂轟天礮，飛煙滾滾迷雙瞳。倉皇累若喪家狗，翻謂主恩甚
> 高厚。詰朝武庫稱干戈，徹夜嚴城警刁斗；誰知慮此禍彼生，奴隸
> 將軍早授首。封疆大吏爾何人？滿署擁兵堅自守。健兒復盾惜無援，
> 此戰殊無分勝負。殺人如草氣腥腥，道謀築室紛盈庭。太息神州眞
> 莽莽，舉朝無人關痛癢。外侮內患紛至而沓來，猶曰治平如反掌。
> 〔註318〕

許南英〈病牛〉、〈遊鼎湖山三十六韻〉、〈壬子午節前一日，與蓮塘學校陳畹蘭教員陳其純諸昆季放舟滄江〉、〈紀暴風〉、〈紀私鬥〉〔註319〕等詩，也都是探賦筆寫實技巧完成的作品，無論是摹寫景色、記敘事件，都寫得生動傳神、歷歷在目。

丘逢甲早年在臺灣時，有鑒於歸化最早的中路岸裡社的土著因土地被侵削，被迫流徙到埔裏社，生活艱困，再加上清廷理番政策一再改變，漢民侵佔熟番土地，原住民只好再往深山遷居，導致番業日蹙；丘逢甲恐怕原住民將流移無地，因此寫作〈老番行〉一詩，「以告當道之言撫番者」；詩作裡詳析縷述當時臺灣原住民的一切遭逢，是一首道盡原住民委屈冤情的血淚悲歌，擷錄其中部分於下：

> 誰知斷髮文身狀，曾入先朝主會圖。聖恩賜土歸來日，耕鑿相傳薄
> 納租。百餘年來時事異，奸民嚙番占番地。堂上理番雖有官，且食
> 蛤蜊知許事。況乃屯糧亦虛額。中飽年年歸點吏，故業蕭條眨眼中。
> 社番十户九貧窮，新居未免謀遷絳，名論眞宜譯徙戎，故山蒼蒼慘
> 將別。舉家移向生番穴，仍占鳥語作耕獵。〔註320〕

內渡之後，丘逢甲以賦法寫成的寫實詩作數量很多，例如：〈放生鵝歌〉、〈黃田山行〉、〈燕子巖〉、〈汕頭海關歌寄伯瑤〉、〈題崧甫弟遺像〉、〈戊甲廣州五月五日作〉、〈述災〉，〔註321〕其中〈燃燈歌〉一詩中，運用淺白如話的文

〔註318〕許南英：《窺園留草》，頁177。
〔註319〕許南英：《窺園留草》，頁74、頁83、頁105、頁112、頁136。
〔註320〕丘逢甲：《柏莊詩草》，收入《丘逢甲遺作》（臺北：世界河南堂丘氏文獻社），頁13。
〔註321〕丘逢甲：《嶺雲海日樓詩鈔》，頁14、頁52、頁160、頁172、頁213、頁223、

字，如同說書人說故事一般，仔細又詳盡地描述鄉野間的姊姊妹妹姑姑嫂嫂等微塵眾善女被神棍詐騙取財卻仍未察覺，在廟僧的誘惑煽動之下，投注大筆金錢燃燈以期祈得福祐：

> 大嫂呼姑姊呼妹，百百十十來聯翩。頭上寶髻烏雲偏，足下絲履六寸圓。青裙翠袖何娟娟？闌干桂子爭新鮮。後飛鶯燕前烏鳶，嬈者自嬈妍自妍，佛門廣大無不受，青天白日開燈筵。寺僧是日大陳設。送客香茗僧親煎。引諸善女向燈拜，佐以梵嫂禮則虔。禮成酌酒酒如泉，水陸並設羅腥羶。爲緣首者有加邊，玉山醉倒春風顛。惟緣有簿掌出納，有書記僧職則專。張姑李妹簽名氏，揭榜大字書朱箋。年年此會勞女伴，如鹿女應朝金仙。寺門伐鼓聲淵淵，日斜會散如秋煙。前村歸前後村後，香雲擁護燈光旋。〔註322〕

丘逢甲在這裡大量使用口語、俗語，直接無避諱地將鄉間單純迷信的百姓具體地刻畫出來，讓人覺其可悲亦可憐；也毫不保留地勾勒出廟宇神棍虛僞狡詐的嘴臉，令人不禁要怒罵唾棄。所以能達到這樣的效果，這是因爲丘逢甲賦法寫實技法成熟靈活的關係。

由於生當內憂外患的巨變時代，施士洁、許南英、丘逢甲三人寫實技巧的作品內容多偏重於政治黑暗、社會亂象的現實，不過，也有愉快歡喜內容的寫實作品，如施士洁〈林菽莊京卿招同陳威季太守、汪艾民司馬、龔叔翊主政、鄧舜農少尉游南普陀巖寺撮影〉即是敘寫詩友歡聚同遊的情形：

> 逋仙引我向招提，巖游老興陡然鼓。篼輿得得虎溪行，誰知避面同尹邢。轉蓬又入普陀寺，少長咸集群賢至。是時觴詠正暮春，大似蘭亭修禊人。汪鈍翁、陳獨漉，詩虎酒龍互角逐；騷壇牛耳誰主盟？好事乃有龔芝麓；其餘諸子以類聚，如鳥投林魚縱壑。今日之樂樂若斯，作圖紀事僉曰宜。〔註323〕

這次出遊歡暢愉快，在鄧舜農爲大家拍照留念時，施士洁還幽默地說：「安得老天換我新眉須，長與公等歌場酒市相驩娛！」

詩歌語言多用口語、俗語，會使詩歌失去雅正典麗的韻致，卻因爲語言的直露淺近而使得詩歌更貼近生活；詩歌通俗化了，就增加了詩歌的流通及

頁 226。
〔註322〕丘逢甲：《嶺雲海日樓詩鈔》，頁293。
〔註323〕施士洁：《後蘇龕合集》，頁165。

普及，而這也是詩歌「以賦爲詩」的表現方法之一。海東四子作品中運用口語、俗語的例子不少，這是他們的作品具有散文化風格的原因之一。以下列舉數例爲證：

施士洁

1、〈艋川除夕遣懷〉：「吾兄疑我不經意，阿婆得無孩倒綳。吾師責我不攻苦，『墨水何止飲一升？』」〔註324〕

2、〈腐儒〉：「陽風扇和氣，秋花弗爲展。物也雖至微，亦以時地限。造化或顛倒，性習難強勉。薑鹽味究殊，宮角音易辨；不然硬如銕，直可拗使軟。」〔註325〕

3、〈和馮秋槎廣文寄贈五十韻〉：「何似君於我，心好不害口？春風年復年，光陰一回首。殘月過下弦，影缺玉兔臼。聞君唱驪歌，使我心慄瀏。見遲別太早，渴念時時有。及我上公車，始得隨君後。」〔註326〕

4、〈寄懷青孺諸羅代柬〉：「人不知我君知我，舍君知我知有誰？我有過失君能規，君有動作我必隨；如刀與石相切劘，如舟與纜相係維。老天忌我得君爲我資，故意千詭萬幻將風吹。吹君忽向雲邊去，祇餘僧壁題詩處。偶思因夢一見君，見君又恐招天妬。」〔註327〕

5、〈午節前一夕同青孺至天后宮訪仁壽上人〉：「我醉不知近佳節，南薰送我來梵宮。散袴跣履任所適，晚涼颯颯乘天風。道旁有酒隨客至，蔬耶肉耶一而二。老僧未厭塵中人，碧紗籠剩舊題字。相逢一笑問老僧：『二十年前我何似』？」〔註328〕

許南英

1、〈邱菽園觀察招讌南洲第一樓分韻，得一字〉：「海天誠不負斯遊，得與群賢談促膝。異時分手各東西，不知斯會復何日？雪泥鴻爪是因緣，我爲拈實紀其實。時在光緒丙申年，仲冬十一月初一。」〔註329〕

〔註324〕施士洁：《後蘇龕合集》，頁 18。
〔註325〕施士洁：《後蘇龕合集》，頁 28。
〔註326〕施士洁：《後蘇龕合集》，頁 33。
〔註327〕施士洁：《後蘇龕合集》，頁 34。
〔註328〕施士洁：《後蘇龕合集》，頁 49。
〔註329〕許南英：《窺園留草》，頁 39。

2、〈祝陳漪軒六秩晉一壽〉：「時宜既不合，倦鳥亦知還。迴思往者事，茫茫一夢焉。甲寅冬十月，嶺南新吐妍。又值公生日，花甲一週年。」
〔註330〕

3、〈和公啓遊山二首用前韻〉：「撞布當春收吉貝，機絲永夜擘波羅。側聞棕種淪亡久，尤賴荷人庇覆多。」〔註331〕

4、〈壽菽莊主人〉：「憶吾年六十，上壽登君堂；見君方富盛，四十稱曰強。……去歲君介紹，饑驅走南洋。九日一樽酒，攜手餞河梁。波濤千萬頃，仰首天蒼蒼。」〔註332〕

5、〈芒核〉：「嫩比蘋婆來北地，甘欺荔子甲南洲。瓊漿入口涼微沁，玉乳黏衣漬永留。堅實不驚山雀啅，圞圓或恐野猿偷。袒胸蠻女因時摘，深目巫丁帶雨收。獨與黃蕉情戀戀，別呼紅竹口悠悠。」〔註333〕

丘逢甲

1、〈汕頭海關歌寄伯瑤〉：「以其貨來以人往，大艙迫窄不能位。歲十萬人出此關，僂指歸來十無四。十萬人中人殆半，載往作工仰餵飼。可憐生死落人手，不信造物人為貴。」〔註334〕

2、〈題蘭史羅浮紀游圖〉：「我閱世界大地圖，羅浮一點乃在南嶺之南隅。神禹伯益導焚所未到，發現乃始漢家使者中大夫。二千餘年在世界，為山主者仙之儒。」〔註335〕

3、〈贈謝生〉：「謝生言論自由耳，已令世人駭欲死。丈夫何止用口舌，治世界事從今始。時哉時哉不可失，東南風吹大海水。」〔註336〕

4、〈題王壽山先生人心如此圖〉：「人心不和平，天下亂未已。誰言治天下，不自人心始。圖中之人蓋知此，偶出鳴琴作宰官。作詩作畫皆琴理，詩臻清品畫逸品。琴韻泠泠滿山水，山虛水深吏歸矣。」
〔註337〕

〔註330〕許南英：《窺園留草》，頁154
〔註331〕許南英：《窺園留草》，頁180。
〔註332〕許南英：《窺園留草》，頁191。
〔註333〕許南英：《窺園留草》，頁201。
〔註334〕丘逢甲：《嶺雲海日樓詩鈔》，頁173。
〔註335〕丘逢甲：《嶺雲海日樓詩鈔》，頁182。
〔註336〕丘逢甲：《嶺雲海日樓詩鈔》，頁185。
〔註337〕丘逢甲：《嶺雲海日樓詩鈔》，頁190。

5、〈長句與晴皋索普洱茶〉：「滇南古佛國，草木有佛氣。就中普洱茶，森冷可愛畏。邇來入世多塵心，瘦權病可空苦吟。乞君分惠茶數餅，活火煎之簹蔔林。飲之縱未作詩佛，定應一洗世俗箏琶音。不然不立文字亦一樂，千秋自撫無弦琴。海山自高海水深，與君彈指一話去來今。」〔註 338〕

三、議論爲詩

　　徐博東〈試析丘逢甲詩歌的藝術特色及其詩歌理論〉說：「（丘逢甲）詩中的排律和歌行體壯闊雄渾，如長河注海，一氣呵成，且善於熔抒情、議論、敘事於一爐，縱古論今，自成一格。」〔註 339〕凡是抒發個人見解，說理評事的詩篇，都是議論詩。在詩中議事論理，是造成詩歌散文化的因素之一。這種情形在丘逢甲的作品中常可看到，在施士洁、許南英的作品中也是不乏例子。議論是邏輯思考，和詩歌以形象思維的特徵不合，故論者視爲別格、變調。不過，錢鍾書《談藝錄》說：

　　事託理成，理因事著，虛實相生，共殊交發，跡象道理融貫，色相
　　中流露義理。〔註 340〕

　　可見，訴諸形象思維的詩歌創作並非不能做抽象的議論，事實上，議論本就是傳統詩歌固有的創作方法。自古以來，談到詩歌創作都是「言志」與「言情」是並舉的，而在「言志」之際，詩人表達出個人對人、事、物的意見，這即是議論。清葉燮《原詩·外篇》即言：

　　唐人詩有議論者，杜甫是也。杜五言古議論尤多，……且《三百篇》
　　中，《二雅》爲議論者正自不少。〔註 341〕

　　詩中寓哲理、發議論，是學習自散文的創作技巧；在詩歌創作時「以議論爲詩」，運用邏輯思維以闡明人生哲理、臧否人物、抨議國是、諷世諭時，這是從議論的內容來分類的；在詩歌創作中「以議論爲詩」，也可以同時綜合運用敘事、抒情、寫景等方法，以避免詩歌過於抽象化。以下就分成議論的內容、議論的方式兩方面，分析海東四子詩作中「以議論爲詩」的表現情形。

〔註 338〕丘逢甲：《嶺雲海日樓詩鈔》，頁 191。
〔註 339〕收入《臺灣研究集刊》，1987 年第 1 期，頁 76。
〔註 340〕錢鍾書：《談藝錄》，頁 273。
〔註 341〕收入丁福保編：《清詩話》（臺北：木鐸出版社，1988 年 9 月），頁 607。

（一）依議論內容來分

1、進德修業的勗勉

施士洁〈短燈檠歌〉：

> 人生寒熱會有時，我向短檠前致詞：君不見長檠八尺照歌舞，頃刻
> 樓臺化灰土。吁嗟短檠我與汝，炯炯靈光萬萬古。〔註342〕

人世變化無常，禍福相倚，寵辱若驚，前一刻正為所得而喜，誰又曉得下一刻會是如何？施士洁提醒自己：樓起樓垮在瞬息之間，名利不長久，惟有守在燈下細品書中智慧，才是恆常之樂。

施士洁又有〈和曾四青孺飛鶴曲韻〉：

> 陡把凡胎換靈骨，阿誰眈我金僊丹。
> 矰繳安能撓我志，稻粱豈足供我餐？
> 鶴兮似汝今何害，西望華峰東望岱。
> 驚颷怒電相盤旋，且自置身向空外。
> 高飛莫再到下方，燕雀寧知九州大？〔註343〕

施士洁在詩中自比為高飛天外的清明鶴鳥，懷抱理想展翅向天際，不為世俗名利奔波，不沈溺物慾漩流，即使曲高和寡、孤單落寞，亦不改振揚向上之姿。

許南英〈感時〉詩中所論做人處世的德行品誼，則顯得具體平實。人生苦短，肉身易腐，田廬簪組美妻嬌妾不恆常，追名逐利終也是一場空；惟有修德養性，盡到身為人世間一份子的責任，才是正途：

> 此身無百年，此名足千古。嗟嗟時世人，役役何其苦！
> 既已美田廬，亦復榮簪組；妻妾列鴛鴦，童僕豢狼虎。
> 顧則亦足豪，鄉鄰誰與偶？以此為盛名，其實亦何取？
> 海上無金丹，肉皮囊易腐；功名富貴身，北邙一坏土；
> 況是膝下兒，昏昏愚且魯。有酒飲則狂，無書醫不愈。
> 生兒永令名，翻以玷父祖。人各有此憂，胡不以德補？〔註344〕

丘逢甲〈天地〉則論說道：

> 天地道方否，人才散于野。遭時乃雲合，豈有平生雅？

〔註342〕施士洁：《後蘇龕合集》，頁5。
〔註343〕施士洁：《後蘇龕合集》，頁10。
〔註344〕許南英：《窺園留草》，頁13。

英雄造世宙，其才自天假。書或僅上口，名或不能寫。

古來真英雄，屈指幾儒者？文人習目論，動歎人才寡，

我自不英雄，奈何責天下！〔註345〕

時勢造英雄，英雄創造時代，誰是那個呼風喚雨、旋轉乾坤的英雄？文士多只是口頭逞強、紙上搬兵，丘逢甲以為馬上立功者才是英雄。這是在傾頹毀敗的晚清國勢下急於扭轉惡劣情況而產生的想法！末兩句的自問自省語，增強了詩作的議論特色。

2、際遇出處的思慮

許南英在〈園中新松〉詩中，藉以草木「興替」之理，誇讚矯矯孤松「任爾施蔦蘿，豈憂纏薜荔！終古垂清陰，重重蔭一切」的精神，實則在勉勵自己要能夠「漸拓凌雲勢」、「後彫歷寒歲」。〔註346〕

丘逢甲〈有書時事者，為贅其卷端〉之四：「人間成敗論英雄，野史荒唐恐未公。古柳斜陽圍坐聽，一時談笑付盲翁。」〔註347〕丘逢甲在詩中表達對「成者王，敗者寇」之說不以為然的想法，也有可能是他對抨擊他未能堅持奮戰而內渡的時論的反駁。

3、生死觀念

「海漫漫」是遊仙詩詩題，一般游仙詩多是表達對長生不死的企求；但是許南英〈海漫漫〉一詩卻提出長生不死是妄念的理性想法：「海漫漫，誰是求仙海外還？浪說蓬萊金玉闕，虛無縹緲誑人間」，他認為：「半生名利客，一夢入邯鄲。縱有神仙傳妙語，世人枉自鍊金丹」，只有去除名利欲望，「必靜必清毋勞神，便是神仙長生計」。〔註348〕

4、社會亂象的抨擊

施士洁〈次謝鶗塵大令留別韻疊前韻〉批評鷺門衙官行政不力：「洞天鼓浪生妖氛，請靖鯨波排蜃市。咄哉三百乘軒人，拱手但畫諾而已。九尺長身猶苦饑，眼見侏儒飽欲死。」〔註349〕施士洁和謝鶗塵的留別唱酬共五疊，每一首都淋漓痛快地抨擊政治、社會、經濟、列強侵略等問題。其中第四疊一

〔註345〕丘逢甲：《嶺雲海日樓詩鈔》，頁 174。

〔註346〕許南英：《窺園留草》，頁 60。

〔註347〕丘逢甲：《嶺雲海日樓詩鈔》，頁 3。

〔註348〕許南英：《窺園留草》，頁 22。

〔註349〕施士洁：《後蘇龕合集》，頁 152。

詩是針對日、俄兩國為爭奪權利，竟在中國境內發動戰爭；而清廷竟也無力保護自己的百姓，任憑兩國軍隊在自己的疆域內爭鬥撒野，國家主權不復存在。其中第五疊是指出日本明治維新成功後，視中國為其俎上肉，昔日俯首稱頭的藩國反成老大，朽老大國無力反擊，任其擺布。

丘逢甲〈曉滄惠香米，兼以詩貺，賦此為謝，並送之汀州〉：「別思亦無他，思起民瘡痍。願得足穀翁，慷慨能好施。舳艫運萬斛，陸續淮河湄。米雖腐亦香，飢者食易為。去歲已告災，計今且及期。頗聞被災處，草木無根皮。不知飢民況，能再支許時？念此不能餐，北望揮涕淚。」〔註350〕他在詩中為汀州飢民請命，也批評朝官無能：「使者爾北來，治河策何如？治河無上策，荒政無完書。」他也批評在「饑民遍淮徐」之際，竟也有盜匪趁亂打劫：「頗聞澤中人，時劫行客車。潢池竟弄兵，擾擾煩剿除。安得龔渤海！解劍畀安居。」〔註351〕

5、時代變易的觀察

施士洁內渡之後，大部分時間都在居留在廈門，他眼見廈門在外憂——鴉片殘害、外商壟斷，以及內患——革命、戰亂接連不斷的情況之下，發生通貨澎漲，人民生活日益艱困，而廈門也由原來富足利樂的嘉禾美城，變成群魔競竊的虛幻城市；他在〈恕齋瀕行，賦贈長歌一篇，如韻和之〉詩中嚴詞揭發敗政弊端的種種，並攻訐當政者的無能：

> 嘗聞舜行如羊羵，又聞治國如烹鮮；不圖四千年史忽灰滅，感視今昔殊天淵！我來有所思，鷺門全盛時，士皆殷實民純樸，賈胡長技將焉施？自從權利苦外溢，若輩起家動刀筆，王戎徒握子母籌，蕭何暫定中西律。共和人物大特色，黨禍無端又羅織，鼠目麐頭奈爾何，火色鳶肩不相識。冰山百尺虆禍根，公門俸祿私門怨，乘軒杌腥食肉鄙，么麼釜底皆游魂。〔註352〕

身處清末衰亂時代，施士洁無限感慨，中國四千多年的輝煌，即將因列強入侵而毀於一旦，竟然朝廷上下無人有力可以回天，施士洁尤其責怪推動革命的黨員，更加添國勢動盪不安。施士洁的見解是否正確先不論，我們可以注意到施士洁議論時局的詩作很多，而且對時事也都有充分的了解與關心。

〔註350〕丘逢甲：《嶺雲海日樓詩鈔》，頁326。
〔註351〕丘逢甲：〈和曉滄買犢〉，《嶺雲海日樓詩鈔》，頁325。
〔註352〕施士洁：《後蘇龕合集》，頁210。

許南英〈題王泳翔玉照〉抒發生逢亂世、書生無用之痛，但他既察覺時代的變化，也體悟出應時而變的必要，詩云：

> 天地不仁芻狗虐，水火風雷開橐鑰；船堅礮利誇富強，渺茲毛睢弱
> 又弱！典謨訓誥古鴻文，科目文章今鴆毒！不任吾用中書君，我將
> 並硯一齊焚。浪說銘勛鑄銅柱，羞談射策入金門！憶自秦漢唐宋元
> 明全盛日，其間文人幾輩出？高文大冊稱作家，無補斯民於萬一！
>
> 〔註353〕

由於時代的變異，昔日爲朝廷所倚重的文章科目人才，今日卻已被推擠到潮流之外，成爲「社會邊緣人」，許南英察覺到知識分子地位的轉變，也了解到非「變」無法應時代趨勢，因此，他大聲宣告：「吁嗟乎！大筆如椽饞莫療，請爾張琴變新調。」

丘逢甲〈贈謝生〉：

> 人言謝生顚，吾未敢從衆。與言世界事，談言動微中。即令能顚亦
> 復奇，終勝老生了無用。神州大陸殊可哀，紛紛老朽無人才。眼中
> 突兀少年在，令我鬱鬱心顏開。即今時事須放手，安得人盡顚如雷。
> 謝生言論自由耳，已令世人駭欲死。丈夫何止用口舌，治世界事從
> 今始。時哉時哉不可失，東南風吹大海水。〔註354〕

對於衆人視爲顚癡的謝生，丘逢甲反盛讚其談言動微中，因爲非常之世需要非常之人才，在世變時代裡再不能墨守舊規，「時哉時哉不可失」，若想要有大作爲，就得了解時務掌握趨勢；他鼓勵學生在新時代裡要有新觀念、新作爲。

（二）依議論方式來分

1、全篇議論

施士洁〈腐儒〉組詩六首，每一首都是全篇議論，分別論述達觀、灑脫、率性、愼交、貴言、色空等進德修業的道理，也表現出施士洁所秉抱的人生觀念。這本應是用以自我策勵的論理詩，卻因他以嘲諷的反筆寫作，一方面顯露出他不與時諧的傲氣，一方面也可看出他對時風士習的不滿。如組詩之一、之二、之六：

〔註353〕許南英：《窺園留草》，頁45。
〔註354〕丘逢甲：《嶺雲海日樓詩鈔》，頁185。

腐儒昧生計，財利動相左；然而田舍翁，所失亦云夥。
今日峩冰山，明日閃電火。始知造物意，纖巧無一可！
問誰宰元工，位置如斯妥？由來達觀者，自待豈瑣瑣？
太虛竟非虛，浮雲千萬朵。

九州紛包羅，窺測日幾輩？嗟彼井底蛙，寧識九州大！
迢迢三神山，乃在九州外，金銀結樓臺，群仙此狡獪。
聞見所未到，森然動空籟；或者眉與睫，蠡管奈何奈。
吾將師老莊，胸次絕塵壒。

我佛言心經，空空而色色。須彌意千□，吾貴守吾職。
豈不慕榮富？時運有終極！芻狗被文繡，識者恥鬼蜮。
憑眺向北邙，其間剩往迹。怒罵與笑嬉，上場等觀劇。
安得醉模糊，化一塊頑石。〔註 355〕

從這組詩的內容可以看出施士洁對道、釋思想的學習與接受情形，他明言「吾將師老莊」，要做率性、達觀的人，又說接觸到佛教色空之理，而有「時運有終極」、「一切過往迹」的想法，因此決定化作一塊醉得糊塗的頑石。不過，這六首詩所表現的思想之間即存有矛直。施士洁認爲所見之人皆是不識九州大的井底蛙，而有「但爲宵鶴孤，毋爲水鷗狎」的想法；又認爲世人忌諱眞率，「未語禍已嫁」，因此惕厲自己，「臧否不說破」。再如他在組詩之三中說「造化或顛倒，性習難強勉」，因此而有「人自策要津，我只一笑遣」的話，可是他在後來很多詩作中常爲生計窘困發牢騷：「鱖生活計舊牢盆，鹿耳鯤身裊客魂」、「仕宦不得志，伏處仍無憀」、「□何道中來，貧病常相仍！魚龍莽混雜，烏兔狂奔騰。咄哉荊布妻，舉案爲酸辛」。〔註 356〕從這些來看，施士洁並非他自己所認可的是一個達觀通透明造化之理的人。

許南英〈感時〉、〈贈徐聞小學堂吳生文謨〉、〈日言〉、〈乞巧〉〔註 357〕等詩篇，都是以通篇論理的方式寫成。下面以〈贈徐聞小學堂吳生文謨〉爲例：

富者恃貨財，貴者恃簪組，儒者何所恃？所恃能勤苦。
天生孤寒士，滔滔遍寰宇；彼蒼有深意，拓此人才藪。

〔註 355〕施士洁：《後蘇龕合集》，頁 28。
〔註 356〕施士洁：〈臺北唐維卿方伯幕中補和臺南「淨翠園」韻〉、〈闕題〉，《後蘇龕合集》，頁 58、頁 68。
〔註 357〕許南英：《窺園留草》，頁 13、頁 61、頁 90、頁 93。

俾之歷盤錯，成材貢天府；濟川作舟楫，大旱作霖雨。

何以讀書人，鎮日憂終窶！不爲人才人，甘爲腐儒腐？

眞儒自有眞，富貴不敢侮。勖哉延陵生，才華亦媚嫵！

仲尼曾有言，人非以貌取；所以言子游，武城得子羽。

　　許南英這首詩中說人才必經歷孟子所說「天將降大任於斯人也，必先苦其心志」的考驗，惟有通過這些考驗，才能成爲貢天府之材、濟川之舟。詩裡以映襯對比的手法，強調眞儒的價值意義所在，也惟有成爲眞儒，才能展現「富貴不敢侮」的氣慨。這不僅是他在激勵學生挑戰環境，也是他自身經驗的感言。

　　丘逢甲〈嗟哉行〉、〈天地〉二詩是全篇論理的作品，下面引錄〈嗟哉行〉爲例說明：

鋼是鐵所爲，錚錚抑何美！安知經火煉，竟化柔繞指。噫吁乎嗟哉，行百者半九十里，晚節末路之難乃如此。君不見扶風大儒宮中才子當時果以投荒死，豈不賢名溢青史？左手撫圖右引劍，人生變節須臾耳。適從何來集於此，逼人富貴徒爲爾。大衔赫赫書銘旌，相公竟葬咸陽矣。鄧綰好官曾幾時？人笑褚公今冷齒。〔註358〕

　　這首詩的語言平白如話，根本是丘逢甲和另一個自己的問答，所議論的是處在人生轉捩關鍵時刻時該如何做正確抉擇的問題。「變節」是多麼大的罪愆，無人能承擔這樣的指控，然而「晚節末路之難乃如此」，人生要想追求完節並不是容易的事，因爲「人生變節須臾耳」，即使一輩子「經火煉」，若在最後關頭變節，之前的堅貞忠誠又算什麼！讀聖賢書者恪守忠孝仁義，雖隨著新時代而有不同的想法，但是內心的煎熬自責仍是無法逃避的。丘逢甲在這首詩中深深喟嘆！

　　丘逢甲〈雜詩四首答鄭生〉組詩四首，都是全篇論理的結構，論述「天生群聖人，畀各盡天職」、「由來天下事，任者在豪傑」之理，把任天下事的豪傑比譬爲鶴、爲鳳凰，而蚩蚩彼民則喻爲雞、爲燕雀、爲井蛙；其中第二首云：

饕鴟甘腐鼠，仰視嚇鵷雛。鵷雛有竹實，彼鴟安得知？

天生物惟萬，物物性不齊。持海語井蛙，持天語醢雞。

徒煩告者勞，終受聽者嗤。聖人物萬物，不與物性違。

〔註358〕丘逢甲：《嶺南海日樓詩鈔》，頁68、頁174。

使鳥宅深林，使魚室深池。是之謂物化，毋失化者機。

惟物有蠢靈，惟人有智愚。治君子以德，治小人以威。

物物性不齊，何用多言爲？〔註359〕

「物物性不齊，何用多言爲」，因此，「聖人物萬物，不與物性違」，只要能「毋失化者機」，順性而治，則萬物各得其所。雖然丘逢甲這首詩作內容很清楚是隱括運用莊子的思想及寓言故事，但是丘逢甲在詩中表達的想法恰恰與莊子相反，其詩中所講的「物化」之意義也和莊子的「物化」之義涵是不相同的。

2、部分議論

（1）開端論理

施士洁〈辛陔招同江子儀教廉、李叙卿廣文飲紅毛樓下寓齋，用前韻〉一詩開始即寫道：

人生行樂耳，身世兩悠悠。放眼空千古，同心此一流。

樊籠誰鷄雀？裳羽幾蜉蝣！到處方膠柱，何時免刻舟？

室無花解語，堂有草忘憂。擬服清涼散，相從汗漫遊。〔註360〕

然後接著敘寫與祁辛陔、江子儀、李叙卿等友人各種宴遊的情形：或是對奕鏖詩、或是賭酒謳歌，或是揮毫擊缽、或是遊園聯牀，完全是敘寫友朋相聚活動實情。

許南英〈祝陳漪軒六秩晉一壽〉詩一開端寫道：

平生不信佛，佛說有因緣。〔註361〕

許南英就用這兩句簡單的話概括人生相逢是難得因緣的道理，表明自己雖然不信佛，但佛理講的因緣之理卻在自己的實際生活中切實呈現；在這貫穿全詩意涵的兩句詩之後，全詩都在敘寫自己與陳漪軒交往的經過以及兩人交誼之深厚。

丘逢甲〈題王壽山先生人心盡如此圖〉〔註362〕詩開端先論云：「人心不和平，天下亂未已。誰言治天下，不自人心始。」接著是就王壽山畫的內容進一步敘事抒情。

〔註359〕丘逢甲：《嶺雲海日樓詩鈔》，頁168。
〔註360〕施士洁：《後蘇龕合集》，頁48。
〔註361〕許南英：《窺園留草》，頁153。
〔註362〕丘逢甲：《嶺雲海日樓詩鈔》，頁190。

丘逢甲〈送謝四之桃源〉之二：

> 昔者陶靖節，爲文工寓言。鑿空出漁人，飛花滿仙村。
> 遂使嗷名者，處處名桃源。蓬萊古仙島，清淺生沙痕。
> 滄桑一轉瞬，變遷安足論？變遷猶自可，況復成沈淪？
> 龍伯釣鰲後，三山今無存。恐君到桃源，已異昔所聞。
> 租稅遍桑麻，丁役及子孫。桃花斫爲薪，漁舟覓無門。
> 君當廢然返，就我同灌園。送君古渡頭，黯然爲銷魂。
> 顥氣海上來，莾莾風塵昏。〔註363〕

　　丘逢甲詩作一開始就從反筆起手議論，說陶淵明的「桃花源」只是鑿空虛擬，雖名爲桃源，恐怕只是夢中蓬萊，而且就算本眞是桃源仙境，在滄海桑田之後也非復昔日之桃源。他在此力陳桃花源已不再，爲的是勸謝道隆不要離開，而詩作最後六句則是扣住主題抒情寫難捨之離情。

　　（2）夾敘夾議

　　施士洁〈題梁定甫秋夜讀書圖〉詩一開始是描述梁定甫圖畫的內容，接著是書寫看畫之後的感觸，就畫意進一步闡發道理並抒發己見：

> 賤子披圖一寓目，涼飇習習生胸腹。
> 咄哉末流枉徵逐，直以詩書爲利祿！
> 夕嘑朝呫自縛束，長夏炎炎揮汗讀。
> 物而不化何其俗，爭比先生此尺幅。
> 妙境洋洋神穆穆，老天位置高人局。
> 我亦愛之無此福！〔註364〕

　　施士洁〈艋川除夕遣懷〉一詩則一邊敘寫自己應舉科考的過程、結果，一邊說明自己對於應舉的想法：

> 人道得意有如此，我道失意又如彼。
> 風塵僕僕胡爲乎？利鎖名韁心不死。
> 此心無乃多偏營，不爲利使爲名使。
> 熊魚兩欲兼者誰？畫餅充饑悟是理。
> 矧茲微名宇宙間，恆河太倉沙粟耳。
> 立談唾手博盧聲，賢者羞稱達者鄙。〔註365〕

〔註363〕丘逢甲：《嶺雲海日樓詩鈔》，頁7。
〔註364〕施士洁：《後蘇龕合集》，頁13。

〈諸羅忠烈羅參戎祠〉是一首描述戰爭場面的詩作，施士洁一方面運用賦筆描繪，達到了歷歷在目的現實感覺，在敘事的同時他一邊又對詩中人物進行評議，表示出對羅萬倉節義、忠烈行為的敬佩：

> 桓桓北路羅參戎，諸羅屹作長城雄！南來貉子不敢過，老羆橫臥當其衝。春牛埔上旄頭落，三疊鎮兵同一哭。鹿門犀甲又蟲沙，番社健兒竟雌伏。是時玉帶海中浮，地鳴山鬪天為愁。梅坑荷堵亂風鶴，武巒妖霧驚蚩尤。參戎怒馬寮旃出，一彈一賊隨烟沒。身是西安舊刺蜚，盜刃潢池爾何物！君不見南霽雲、雷萬春，六十餘日狂胡屯，雀鼠已盡猶乘闉。嗚呼此皆百戰真將軍，至此何惜縻此身！豈有中朝偉男子，甘受犬羊城下恥？參戎一躍入賊圍，大節犒完而已矣！〔註366〕

許南英〈秋日謁延平郡王祠〉、〔註367〕〈次兒叔壬東洋就學，書此勉之〉、〔註368〕〈示四兒叔丑〉〔註369〕等也是雜敘夾議的結構方式說理。

丘逢甲〈南漢敬州修慧寺千佛鐵塔歌〉藉敘述千佛鐵塔在建立之後九百年間的演變以抨擊時政之弊，並慨嘆千佛鐵塔自身都傾朽毀壞了，又那能有助於民生國勢；丘逢甲大聲呼籲國人要獨立自強，開發五嶺煤鐵，重振經濟以富國強國。其中一段云：

> 眼駭殘鐵南漢年，古鏞斑斕鐵花積。當時鑄者知何人，寺荒塔壞朝屢新。小南強花空供養，即今諸佛無完身。鐵不得用鐵之辱，海風夜嘯蛟涎濁。神州莽莽將陸沈，諸天應下金仙哭。謂佛不靈佛儻靈，睡獅一吼獰而醒。破敵神兵退六甲，開山力士驅五丁。五嶺雄奇積煤鐵，廿政未修民曷殖！地不愛寶資中興，會須富國兼強國。〔註370〕

丘逢甲〈贈莫生〉〔註371〕、〈疊韻再題心太平草廬圖，並答溫丹銘〉〔註372〕等詩作在結構上亦是雜敘雜議的安排。

〔註365〕施士洁：《後蘇龕合集》，頁18。
〔註366〕施士洁：《後蘇龕合集》，頁147。
〔註367〕許南英：《窺園留草》，頁16。
〔註368〕許南英：《窺園留草》，頁92。
〔註369〕許南英：《窺園留草》，頁138。
〔註370〕丘逢甲：《嶺雲海日樓詩鈔》，頁153。
〔註371〕丘逢甲：《嶺雲海日樓詩鈔》，頁239。
〔註372〕丘逢甲：《嶺雲海日樓詩鈔》，頁245。

（3）篇末說理

施士洁在〈法蘭西國大革命歌〉詩中詳述法國大革命時期的經過，最後，在詩末縱論當時各國追求民主政治時在國內引發革命付出的代價及成果，並反觀檢討當時中國的政治演變情況，以及表達自己對革命過於躁進不以爲然的態度：

> 我思治亂本定數，最險莫如此過渡。文明豈可一蹴幾？政黨多緣急進誤！匈國金牛大憲章，至今幸福猶未央。噶蘇士後有狄渥，箇人資格非尋常。更有少年義大利，愛國惟務民之義；卅年三傑一舞臺，舌筆血刀留浩氣。吾華今已無神權，封建之制亦蕩然；地廣人稠政懦緩，刑寬稅薄民安便。豈有風潮由內激，無病而呻徒自惑。亂人藉口愛同胞，一飲狂泉天地黑。噫吁嘻！前車既覆鑒者誰，國民教育知不知？旁有日本訶怪傑，吾國革命獨無血！〔註373〕

許南英〈閑散石虎〉在敘寫明清之際流落到臺灣的文士的各種遭逢之後，於篇末論曰：「吁嗟乎！生才亂世總不祥，不如閑散之爲愈！斯人不聞與虎群，虎亦不與斯人伍；賸水殘山一虎壙，春草秋花薦牧豎。」〔註374〕凸顯出他對李正青潛隱亂世作法的肯定，我們也可藉此了解許南英的個性。〈七夕〉是三首一組的組詩，第三首以扣住詩題議論的方法寫成，就結構上來說可說是「篇末說理」的變化應用：「巧處何曾得便宜。爲他壓線弄機絲。起居八座多庸福，乞巧何如去買癡！」〔註375〕在〈園中新松〉〔註376〕一詩中，許南英則先以敘述筆法描寫新松成長情形，接著再藉物喻理，惕厲自己也鼓勵他人不憂不懼，並且造就自己成爲濟舟之材造福人群：「達人觀物理，草木有興替：易榮者易萎，不萎者有濟。秋來金氣肅，冬至霜雪厲。翳彼蒙茸草，轉瞬蚼蝣斃。孤松自矯矯，後彫歷寒歲。始看捧日心，漸拓凌雲勢；任爾施蔦蘿，豈憂纏薜荔！終古垂清陰，重重蔭一切！」

丘逢甲〈放生鵝歌〉一詩先敘述眾友對一隻鵝的處理各有不同的意見：或主張放生、或主張轉送、或云殺之以饜眾欲，眞是眾言紛云、莫衷一是；詩寫至此時轉敘事筆調爲議論：

〔註373〕施士洁：《後蘇龕合集》，頁139。
〔註374〕許南英：《窺園留草》，頁14。
〔註375〕許南英：《窺園留草》，頁49。
〔註376〕許南英：《窺園留草》，頁60。

我聞兵解亦成仙，是鵝劫盡果乃全。伐毛洗髓用我法！立隨雞犬共
升天。生之於天放乃大，說者笑者兩無害。不然詩腸亦姑潤，勿訝
仙人徒狡獪。吁嗟乎！東南蜃氣天蒼黃，沙蟲百萬同日亡。一鵝之
生復何有？不能成陣軍聲張。男兒生當萬羊膳，手扶鼇極平龍戰。
嗷嗷四海安厥生，橐弓笑赴頭鵝宴。〔註377〕

雖是笑謔的筆觸，但以東南同日亡之百萬生民與一鵝之生與否對襯，強
調出對天以民為芻狗的無奈及憤慨，令人讀之不能不感到戰爭的可怕，以及
生民無端受殘害的無辜。

丘逢甲〈老番行〉一詩在敘述了中路岸裡等社土地遭侵削、居民流移他
地的各種問題之後，藉老番之口說出治番政策的缺失，言曰：

官威難弭漢民奸，又占山田啓訟端。日久深山無甲子，風生小海有
波瀾。眼看番地年年窄，覆轍傷心話疇昔。方今全山畢開闢，更從
何處謀安宅。番丁業盡為人役，空存老朽溝中瘠。況聞撫番待番厚，
生番日醉官中酒。同沐天家浩蕩恩，老番更比諸番久。可憐為熟不
如生，衰落餘年偏不偶。夜半悲呼山月暗，哀思難向青天剖。

丘逢甲並於詩末作結，指出稅賦問題影響民生，曰：

我聞此語為興嗟，臺民今亦傷無家。
開山聊藉五丁力，豈皆荐食為長蛇。
山田弓丈則下沙，賦重應比山前差。
長官終有廉來日，故業可復安桑麻。
此歌聊向春山詠，東風開遍番檨花。〔註378〕

這首詩在結構上的安排是先敘事說明原住民今昔的變化經過，致於今日
更加無以維生的困難，最後在篇末議論，指出問題癥結，其欲代民向當政者
上言之心也就明白可見。

（4）譬喻說理

許南英〈早起〉：

早起潔庭除，掃盡塵緊迹。一蛛隱窗間，垂絲二三尺；
一絲挂簷際，一絲粘東壁；組織大羅網，纖毫無餘隙。
蚊蚋不知幾，攖觸隨所擇；乃知天演理，勝敗原不易。

〔註377〕丘逢甲：《嶺雲海日樓詩鈔》，頁14。
〔註378〕丘逢甲：《柏莊詩草》，收入《丘逢甲遺作》，頁13。

嗟我黃種人，異種日逼迫；日日世網中，俯仰皆踢蹐。〔註379〕

一隻隱匿窗間的蜘蛛組織羅網補食，這本是大自然食物鏈的現象，卻引發身處亂世的許南英感觸無限。弱肉強食看似自然之理，身為萬物之靈的人類無力解套也更為之神傷；尤其，本是泱泱大國的中國，如今淪為列強囊中之物，任憑列強予取予求，怎不叫人扼腕嗟嘆。

丘逢甲〈晨起書所見〉：

晨陰盼庭樹，有雀拳高枝。老鴉爾何來？欲攫充朝飢。

雀驚飛且噪，乞救聲何悲！一雀噪未已，百雀噪而隨。

雀亦有俠腸，不忍同類危。群雀禦獨鴉，力小心則齊。

竟令遠引避，不敢復來窺。惟獨力無大，惟群力無小。

嗟哉不能群，人而不如鳥。〔註380〕

丘逢甲晨起看到老鴉與群雀之間的爭食噪動：老鴉雖大，卻也敵不過群聚力抗的小雀，小雀雖小，群聚起來就成大力量，自然能抗拒入侵的外敵。看著這一幕，丘逢甲想到的是衰頹的國家與如散沙般的國人，他不禁感喟「嗟哉不能群，人而不如鳥」。

許南英、丘逢甲這兩首詩，不約而同都以早起庭中所見為詩作內容，更巧的是都採用了譬喻說理的技法，而且都是先敘述再議論。藉助明白易曉的事件，說明所要強調表達的道理，這是向大眾推動新知的最佳方法，許南英揭示的是「優勝劣敗」之理，丘逢甲標舉的是「合群」的觀念。

第三節　作品語言的時代特徵

身處在晚清巨變時代的詩人，基於關懷國家社會的感情，於創作時或有意識地或無意識地總會在作品裡具體地刻畫出當時代社會的影像，為了要敘述時事、寫出當時眼所見、耳所聞，因此，在創作媒介——文字的運用上，大量採用「時語」入詩也就成為他們創作的特色。〔註381〕這種創作語言貼近

〔註379〕許南英：《窺園留草》，頁105。

〔註380〕丘逢甲：《嶺雲海日樓詩鈔》，頁168。

〔註381〕晚清詩壇亦有視新派詩人納時語、俗語入詩為非本色作法的詩人。同時代有不同風格詩派存在的現象，劉勰在《文心雕龍》〈通變〉、〈體性〉二文中已提出文學發展在演變過程中會受到時代風氣影響，以及文學風格的形成會因作家先天的才氣個性、後天的生活習染而不同。

生活的作法，不僅是當日愛國憂民的有志之士為傳播新思想、進行社會改革
而有的需要，也是切實融入當時代社會生活之中的詩人，在創作時為反映社
會現實生活，自然在語言藝術上呈現出來的時代風貌。如黃遵憲，他注意到：
創作要能將日常語言與書寫的文字結合，作品才能成為「通文」，流傳久遠，
〔註382〕而「今之世異於古，今之人亦何必與古人同」，為了寫出「要不失乎為
我之詩」，因此，他明白主張「我手寫我口」，要寫出深富時代精神面貌的作
品；他採取的方法之一就是詩歌語言要切合時代環境：

> 其取材也，自群經三史，逮於周秦四子之書，許鄭諸家之注，凡事
> 名物名切於今者，皆採取而假借之。其述事也，舉今日之官書會典、
> 方言俗諺、以及古人未有之物，未闖之境，耳目所歷，皆筆而書之
>
> 〔註383〕

這個宣言也就成為「詩界革命」的重要主張，其中，採「方言俗諺」入
詩，並著意將「古人未有之物，未闖之境，耳目所歷，皆筆而書之」，換句話
說，也就是酌用今物今名入詩，這是詩界革命最受矚目的作法。〔註384〕而為
了傳播新思想，以利推動全國自強、革命等運動，書寫文字力求簡樸明白。

梁啟超之俚語、俗語、時語夾雜的「新民叢報體」，就是在當時產生的新
文體；他在《清代學術概論》文中提到他改變創作語言以適應時代需要的自
覺，以及「新民叢報體」在當時蔚為新文體流行的情形：

> 啟超夙不喜桐城派古文；幼年為文，學晚漢魏晉，頗尚矜鍊；至是
> 自解放，務為平易暢達，時雜以俚語韻語及外國語法，縱筆所至不
> 檢束；學者競效之，號新文體。老輩則痛恨，詆為野狐，然其文條
> 理明晰，筆鋒常帶感情，對於讀者，別有一種魔力焉。〔註385〕

〔註382〕黃遵憲〈梅水詩傳序〉：「語言者，文字之所從出也。語言與文字合，則通文
　　　　者多；語言與文字離，則通文者少。」收入張鴻南輯：《梅水詩傳》（臺北：
　　　　嘉應同鄉會印，1976年7月），頁1。黃遵憲：《日本國志學術志二學》一文
　　　　也提出語言與文字要相合的文學主張。見郭紹虞編《中國歷代文學論著精選》
　　　　（臺北：華正書局，1991年3月），頁353。
〔註383〕黃遵憲：〈人境廬詩草自序〉，見《人境廬詩草》（臺北：鼎文書局，1978年8
　　　　月），頁1。
〔註384〕黃遵憲〈雜感〉：「即今流俗語，我若登簡編，五千年後人，驚為古斕斑。」
　　　　他以「流俗語」指稱當時代的語言，筆者在論文中以「時語」稱之。《人境廬
　　　　詩草》，頁8。
〔註385〕梁啟超：《清代學術概論》（臺北：臺灣商務印書館，1994年1月臺二版），

臺北瀛社詩人也曾討論過詩語言採用時語的問題：

> （林）湘沅謂（謝）雪漁曰：「人言子所作之詩，多用新名詞及時事，
> 似康梁派。」雪漁曰：「余於詩原無心得，不過興會所至，或爲酬應
> 所迫，偶作一二首，似詩非詩。聊藉以言心事耳，無所謂派也。用
> 新名詞時事，如以爲時代産物，幸得留一二語，亦足供談詩資料，
> 不盡無益。余不學康梁。且康梁爲今代作家，非余所能學，以云派。
> 願謂之雪漁自家派可也。」〔註386〕

由於梁啓超的推崇，〔註387〕現今談論晚清時語入詩現象時多直言是黃遵
憲「詩界革命」推動新派詩促成的；其實，以時語入詩的創作理論與實踐並
非起於晚清，自古以來就有不勝枚舉的例子，如王充《論衡・自紀篇》：

> 夫文由語也，或淺露分別，或深迂優雅，熟爲辯者？故口言以明志；
> 言恐滅遺，故著之文字。文字與言同趨，何爲猶當隱閉指意？……
> 經傳之文、聖賢之語，古今言殊，四方談異也；當言事時，非務難
> 知，使指閉隱也。後人不曉，世相離遠，此名曰語異，不名曰材鴻。
> 淺文讀之難曉，名曰不巧，不名曰知明。夫筆著者，欲其易曉而難
> 爲，不貴難知而易造。〔註388〕

汪師韓《詩學纂聞・時俗語入詩》也說到唐人在創作中以唐代時語入詩
的情形：

> 唐人每以唐時語入詩，亦猶先儒注經有文莫、相人耦、曉知、一孔
> 之類也。……又俗以一日爲一天，杜詩有之，其〈三川觀水漲〉詩
> 云：「北上惟土山、連天走窮谷。」連天，正謂連日也。〔註389〕

頁141。

〔註386〕《臺灣日日新報》，明治四十二年八月四日。

〔註387〕梁啓超《飲冰室詩話》：「要之公度之詩，獨闢境界，卓然自立，於二十世紀
詩界中，群推爲大家，公論不容誣也。」、「人境廬集中有一詩，題爲〈以蓮
菊花雜供一瓶作歌〉，半取佛理，又參以西人植物學、化學、生理學諸說，實
足爲詩界開一新壁壘。女媧鍊石補天處，石破天驚逗秋雨，吾讀此詩，眞有
此感。」收入《飲冰室全集》卷四（臺北：同光出版社，1980年4月），頁
45、頁49。

〔註388〕王充：〈自紀篇〉，見韓復智註譯：《論衡今註今譯》（臺北：國立編譯館，2005
年4月），頁3183。

〔註389〕汪師韓：《詩學纂聞・時俗語入詩》，收入丁福保編：《清詩話》（臺北：木鐸
出版社，1988年9月），頁467。

再如明代的袁宗道在〈論文〉一文中說：

> 口舌代心者也，文章又代口舌者也。……唐虞三代之文，無不達者。
> 今人讀古書，不即通曉，輒謂古人奇奧，今人下筆不宜平易。夫時
> 有古今，語言亦有古今，今人所詫爲奇字奧句，安知非古之街談巷
> 語耶？〔註390〕

他強調口語不斷地在演變，寫作文章應注意口語有古今的差異，今人以爲
古人用字奇奧，而或許那是古人的日常用語；換句話說，創作的用語，應採用
當代口語，以求「達意」；這正是黃遵憲所說「通文」的必要條件是語言和文字
貼合的主張。而清代沈德潛《說詩晬語》則特別注意到書寫時事的社會詩的語
言問題，提出「若本敘述近事，即方言謠諺，不妨引入」的創作主張：

> 擬古詠懷，斷不宜入近世字面，錦葛同裳，嫌不稱也。若本敘述近
> 事，即方言謠諺，不妨引入，顧用之何如也？〔註391〕

我們可以在清代其他詩人的創作中找到時語俗語入詩的例子。張維屏
（1780～1859）〈三元里〉：「夷兵所恃惟槍炮，人心合處天心到。」袁翼（1789
～1863）〈鬼子街〉：「柜輿竹扇鬼侍郎，碧琉璃眼踡鬚黃。黑者爲奴白爲主，
十三海國盡通商。」魏源（1794～1857）〈江南吟〉：「阿芙蓉，阿芙蓉，產海
西，來海東。」朱琦（1803～1861）〈關將軍挽歌〉：「颶風晝卷陰雲昏，巨舶
如山驅火輪。番兒船頭擂大鼓，碧眼鬼奴出殺人。」金和（1818～1884）〈烈
女行托黃婉梨事〉「婉梨金陵人，儒風舊家是。癸丑陷賊中，生女五齡耳。有
母有弟有兄嫂，全家種荣隱鄉里。阿母教針線，阿兄授書史。」都是這樣的
創作實踐。〔註392〕

這些深富時代意識、對社會有著感情的詩人，在創作時爲具體寫實地反
映社會面貌、時代精神，因此在藝術的表現上趨向散文化、通俗化，而在詩
歌的語言上，則呈現出廣泛地採用「時語」「俗諺」的現象，這是創作社會寫
實詩作在敘述時事時自然會發生的事。黃遵憲、梁啓超等人明白提出「新意
境、新語言」的主張，並在當時蔚爲風潮、造成風氣，對詩歌的發展自有其
成就與貢獻；不過，就如謝雪漁所說的，在詩中運用新名詞書寫時事，爲時

〔註390〕收入吳公調主編：《公安三袁選集》（湖北：湖北人民出版社，1988年8月），
頁64。
〔註391〕收入丁福保編：《清詩話》（臺北：木鐸出版社，1988年9月），頁550。
〔註392〕張秉戌等編：《清詩鑒賞辭典》（重慶：重慶出版社，1992年12月），頁872、
頁901、頁938、頁980、頁1029。

代留下寫照，是創作中自然的事，並非是學習造成的。前面提到的張維屏、
袁翼、魏源、朱琦、金和，其時代都是在黃遵憲提出詩歌革命主張之前，就
是最佳的證明。

　　對於詩創作語言參以「時語」，就說是詩歌有新的改革，錢鍾書是持反對
意見的，他認爲：

　　　差能說西洋制度名物，掎摭聲光電化諸學，以爲點綴，而於西人風
　　　雅之妙、心性之微，實少解會。故其詩有新事物，而無新理致。……
　　　蓋若輩之言詩界維新，僅指驅使西故，亦猶參軍蠻語作詩，乃是用
　　　佛典梵語之結習而已。〔註393〕

連橫也是一樣的看法，他說：

　　　時下以國魂熱血方針焦點電吸潮流等字，謂爲革新，不獨癡人說夢，
　　　直是魔魅現形。〔註394〕

　　不管如何，當時詩歌中採用「時語」的情形，已沸沸揚揚地成爲普遍的
現象了。在臺灣的情況也相同，王松《臺陽詩話》說：

　　　自海禁開而譯事萌芽。道光間，廣東有譯博物新書五種。其以新
　　　理想紹介於學界者，當以此爲嚆矢。厥後有侯官嚴幾道先生所譯
　　　之天演論、原富等書，亦足以喚起國民之思想。近十年間，士之
　　　負笈航海、遊學於東西洋者，日不乏人。譯書層出，競先遺餉；
　　　而又以東京爲輸出新智識之孔道。其當轉輸之大任者，則宜首推
　　　橫濱新民報社。余見其論說所用新名詞，如「結果」、「起點」、「程
　　　度」、「目的」、「間接」、「直接」等字眼，皆取和文而用爲漢文也。
　　　風氣所推，各處報館又從而仿行之、激揚之；奇詞異語，遂放出
　　　今日文學上之大光明，而成爲廿世紀變遷之大勢，洋洋乎沛然莫
　　　之能禦矣。〔註395〕

　　施士洁等人在作品中描繪時代映影的同時，也將那個時代的語言擷納進
他們的作品裡，而當時最顯著的時代用語，就是因西學傳入而翻譯過來的「新
詞」。〔註396〕西學的傳入帶來許多新的概念，而新概念需要新詞來表達。清季，

〔註393〕錢鍾書：《談藝錄》（臺北：藍田出版社），頁29。
〔註394〕連橫：《臺灣詩薈》（南投：臺灣省文獻委員會，1992年3月），頁179。
〔註395〕王松：《臺陽詩話》（南投：灣省文獻委員會，1994年5月），頁73。
〔註396〕這裡所指稱的「新詞」，包括改變了原有意涵、以表達新概念的舊詞，如「經
　　　　濟」一詞：西方「economy」一詞，梁啓超原譯爲「生計」，並注曰「即平準」，

因西學傳入而產生的新詞有兩個來源，一是國人在翻譯西方著作時，對於新的事物、新的思想，採取音譯或意譯的方法產生的新詞；一是甲午戰後，在透過東學學習西學過程中直接採用日本的翻譯而傳入的新詞。這些詞語經過社會的使用、選擇、過濾，有的稍縱即逝，生命短促；有的獲得認可、保留，被融入中國的語言中，成為中文語言詞彙的一部分。這些新詞不僅充斥在當時的報紙刊物上，並且更進而成為當時人們的日常用語，融入了他們的思想與生活之中。〔註397〕最明白的例子，就是光緒二十四年（1898 年）嚴復翻譯赫胥黎的《天演論》問世之後，廣為流行的「天演」、「物競」、「天擇」、「適者生存」等新詞，胡適在《四十自述》文中記述了當日的情形：

> 《天演論》出版之後，不上幾年，便風行到全國，竟做了中學生的讀物了。讀這書的人，很少能了解赫胥黎在科學史和思想史上的貢獻。他們能了解的只是那「優勝劣敗」的公式在國際政治上的意義。在中國屢戰屢敗之後，在庚子、辛丑大恥辱之後，這個「優勝劣敗」的公式確是一種當頭棒喝，給了無數人一種絕大的刺激。幾年之中，這種思想像野火一樣，延燒著許多少年人的心和血。「天演」、「物競」、「淘汰」、「天擇」等術語，都漸漸成了報紙文章的熟語，漸漸成了一班愛國志士的「口頭禪」。還有許多人愛用這種名詞做自己或兒女的名字。陳炯明不是號競存嗎？我有兩個同學，一個叫孫競存，一個叫楊天擇。我自己的名字也是這種風氣底下的紀念品。〔註398〕

除了上述「天演」、「物競」、「淘汰」、「天擇」、「適者生存」等新詞之外，在西學東漸過程中產生的新詞，不僅數量十分可觀，也涵蓋了政治、社會、經濟、文化、歷史、文學等各方面的用詞；在臺灣海東四子的作品裡，也有許多象徵時代的新詞。下面，將海東四子作品中的時代新詞加以歸納整理，並列為表格，以求清楚明白呈現海東四子運用時代新詞的情形。

但最後是日人的譯詞「經濟」通行於世；「經濟」一詞也因此在「經世濟民」的原意之外再增添新意。見梁啟超：《飲冰室文集》卷二〈生計學學說沿革小史〉（臺北：同光出版社，1980 年 7 月），頁 26。

〔註397〕熊月之：《西學東漸與晚清社會》（上海：人民出版社，1995 年 4 月第二次印刷），頁 672。

〔註398〕胡適：《四十自述》，收入《胡適作品集》（臺北：遠流出版社，1986 年），頁 55。

海東四子詩作中所運用的時代新詞整理表

新詞	施 士 洁	許 南 英	丘 逢 甲	汪 春 源
種族	□我同爲黃種人（頁133） 矧茲黃種者（頁135） 黃種者誰我與爾（頁150） 黃種雖貴漫自恃（頁152） 天生黃種胡爲乎（頁190） 黃魂喚醒黑甜香（頁200） 黃種酸辛販豕悲（頁273） 黃種胚胎（頁392） 白人播殖貪狼策（頁273）	前途黃種卜靈長（頁69） 健婦能爲開化種（頁72） 四萬萬人黃種裡（頁77） 黃種近編新憲法（頁86） 嗟我黃種人（頁105） 留種能開國（頁113） 須知種族有同情（頁181） 武健追隨白種人（頁83） 異種日逼迫（頁105） 側聞棕種淪亡久（頁181）	香國久推黃種貴（頁40） 將惑黃種歸亞當（頁45） 劫餘龍種少生存（頁50） 夢遣黃人捧朝日（頁143） 紛紛種教休交侵（頁155） 喚起黃人思祖國（頁227） 種族憂將泯（頁282） 要修陰教強黃種（頁364） 望海人誰鑒黑奴（頁157） 一任釋種爲人奴（頁182）	
天演、優勝劣敗、物競天擇	旋渦淘汰付天然（頁178） 迴旋天演急渦中（頁180） 物競惟天擇（頁195） 從此好循天演例（頁259）	天演例原優者勝（頁83） 乃知天演理，勝敗原不易（頁105） 天演由來是競爭，勝優敗劣自然名（頁151）	競爭世界論天演（頁176） 競爭世界憐天演（頁178） 何事時流務競爭（頁178）	
殖民	鷺門，鷺門，是否殖民窟（頁210） 白人播殖貪狼策（頁274）	不願今生作殖民（頁83） 殖民天關此神區（頁188）	那有星球許殖民（頁211）	
國魂國民	國魂已去□□失（頁133） 國魂喚醒武良街（頁138） 國民領袖眞人豪（頁139） 國民教育知不知（頁140） 國魂沈錮秋風裡（頁150）	國民自詡魂初醒（頁75）	寥落中原愴國魂（頁178） 自由鐘起國民魂（頁180） 何人解向國魂招（頁193） 待看雄軍起國民（頁210） 同一國民民異教（頁363）	

	合群誰喚國魂醒（頁159） 國魂夫如何（頁189） 君魂即國魂（頁189） 黃魂喚醒黑甜鄉（頁200） 國民到處有天驕（頁205） 國魂蘇屈軼（頁222） 癡絕國魂何日醒（頁347） 喚醒黃魂（頁402）		
睡獅	睡獅正沈夢（頁189） 睡獅殘夢了不覺（頁190） 算祇有沈沈睡國，赤貧而已（頁342） 喚醒睡獅（頁391）	久睡神獅一瞥醒（頁175）	我來逢睡獅（頁16） 通國正酣睡（頁127） 睡獅一吼獰而醒（頁154） 會須起睡獅（頁163） 可能呼起通國睡（頁173） 神龍睡任群魚泣（頁177） 睡獅不醒今已醒（頁259） 中國睡獅今已醒（頁259） 舉國睡中呼不起（頁340）
病夫	太息東方一病夫（頁229）		
瓜分	七鯤回首愴瓜分（頁177） 瓜分勢已成（頁211）		國勢類瓜分（《丘逢甲遺作》頁129） 瓜分之圖日見報（頁173） 豆瓜強剖分（頁295）
列強		列強如虎搏風腥（頁175）	難遣神兵禦列強（頁157）
新學		新學吾何有（頁65）	豈在西法趨從歐（頁34）
公僕	公僕即今無地主（頁205）	衣冠公僕尚言官（頁149）	
同文	況我同文古禹州（頁287）	漫云唇齒同文國（頁108）	同洲況復是同文（頁314）

散沙	團體如沙□易黏（頁184） 一笑盤中已散沙（頁257）		酣睡人心久散沙（頁197） 窺邊萬馬蹴黃沙（頁200） 四海人心散後沙（頁237）	
民主	民主正名新易幟（頁72） 改良民主新國旗（頁138）	議院廣開民主國（頁29）	展卷重吟民主篇（頁179）	
立憲	當時憲法初萌芽（頁139） 智耶兒出憲政立（頁139）	黃種近編新憲法（頁87） 九年立憲豈虛談（頁88） 九年憲法彼童虹（頁176） 帝制無成洪憲終（頁177） 削平洪憲已週年（頁193）		
維新	朝廷百度維新日（頁156） 維新三十年（頁393） 維新政策猶黃口（頁184） 自從編入維新冊（頁193） 粲然百度維新日（頁248） 鯤鹿競維新（頁250） 維新一代，萬象文明（頁393）	守舊維新各一偏（頁66） 獨立維新冀自存（頁95） 文章喜見維新派（頁96） 維新志士群而黨（頁188）	中原如沸未維新（頁135） 新不能維舊難守（頁167） 維新殊有九州風（頁180） 士爭橫議欲維新（頁302） 詩世界裡先維新（頁355） 女雄先出唱維新（頁363）	
共和	共和欲法美利堅（頁138） 共和人物大特色（頁210） 翳我民國，得此共和（頁390） 五族共和（頁411）	已入共和年（頁103） 相期體共和（頁144） 爭得共和兩字名（頁150） 閱歷共和五族春（頁155） 五族共和輿論定（頁176） 共和帝制其間不容髮（頁177） 春臺玉灼共和日（頁185） 共和民國五週年（頁187） 組織共和消帝制（頁193）	不堪重話共和時（頁175） 如君早解共和義（頁285）	

議院	選舉普通下院議（頁139）	議院廣開民主國（頁29）	
國會	民權國會紛摶沙（頁138）	國會公言如築室（頁175） 仗馬不鳴開國會（頁188）	
革命	演出絕大革命革（頁138） 無端革命生風潮（頁152）	振民革命首康梁（頁151） 革命更翻志不撓（頁175） 驟聞革命畏葸不敢前（頁177） 革命頻頻不忍看（頁185） 命須再革民何罪（頁192）	邇來詩界唱革命（頁178） 官言革命黨爲孽，彼哉革命黨何言（頁223）	
民權、人權、主權	人權平等終不平（頁138） 民權國會紛摶沙（頁138） 自從權利苦外溢（頁210）	帝制民權渾未定（頁148） 豎子有權傾內閣（頁166） 諮詢庶政重民權（頁193）	神州復主權（頁144） 且看西人領事權（頁173） 二十年來海權盡（頁175） 詩界差存自主權（頁340） 書生原有覺民權（頁354） 完全主權不曾失（頁355）	
領事權			且看西人領事權（頁172）	
平等	人權平等終不平（頁138） 於人亦平等（頁189） 平等如何得自由（頁205）	人權平等終不平（頁138）	吾國平等存佛心（頁155） 休把平權笑白民（頁363）	
自由	自由滿擬開好花（頁138） 於我既自由（頁189） 平等如何得自由（頁205） 緣何得自由（頁211）	寄言自由黨（頁65） 春風看遍自由花（頁155）	自由鐘起國民魂（頁180） 謝生言論自由耳（頁185） 不敲開國自由鐘（頁227） 還汝自由自今始（頁230） 屬禁方懸民自由（頁362）	

合群	合群誰喚國魂醒（頁159） 合群之說（頁411）		無人議合群（《丘逢甲遺作》頁129） 欲呼群力新中國（頁148） 嗟哉不能群（頁168） 惟群力無小（頁168） 黃人尙昧合群理（頁340）	
自治、獨立	歐人性質喜獨立（頁138） 上策莫如先自治（頁154）	獨立維新冀自存（頁95） 寄語諸君圖自治（頁96）		
世界地理	槎浮想五洲（頁48） 瞬今地球中（頁84） 五洲到處騰腥羶（頁119） 等閒揮散五洲塵（頁138） 蟲沙戰陣三洲黑（頁141） 矧今百族環球中（頁150） 干戈已動五洲塵（頁153） 此日腥羶遍五洲（頁166） 五洲碧眼同瞻拜（頁171） 相期播殖遍寰球（頁191） 全球蹴轉聊嬉敖（頁197） 環球咫尺（頁214） 俯瞰全球無不有（頁245） 縱談隘五洲（頁250） 地球文字億秭計（頁254） 地球商戰今縱橫（頁383） 閱遍地球雙眼熱（頁341）	客來赤道三千里（頁37） 星洲何處是龍門（頁40） 泛海七洲洋（頁41） 便憶星洲也是園（頁42） 朗吟直過七洲洋（頁55） 一球秋肅皆遭劫（頁150） 抗手飛吟過七洲（頁155）	看成地球橢（頁65） 筆刀橫絕東西球（頁75） 極目天南赤道遙（頁82） 赤道收熱風（頁103） 天地日月驅作球（頁112） 一水茫茫絡五洲（頁132） 此行心已遍全球（頁132） 遙望地球發光彩（頁140） 尙有大地西半球（頁140） 遙望地球發光彩（頁140） 地球繞日日一週（頁140） 天經自縱地緯橫（頁140） 地球繞日日一週，日光出地月所收（頁140） 安知力攝萬星球，更著中間地球繞（頁356） 坐歎熱帶之下無雄才（頁141）	

	把地球五大部洲豪（頁342） 地球量徧，莽天涯（頁342） 萬國五洲（頁391）		亞洲一片風頭惡（頁143） 目極全球戰正酣（頁179） 看君舟繞地球行（頁227） 有洲懸立地球中（頁227） 東半地球無限事，那能更替月球忙（頁237） 地鄰赤道熱力大（頁355）
洲名	迎門頒到歐洲春（頁183）		乃使五洋沉軍艦、六洲平戰壘（頁139） 月光徧照六大洲（頁141） 亞洲一片雲頭惡（頁143） 亞洲數先達（頁144） 亞洲大陸局日新（頁180）
國名	傅會蠟丁文（頁84） 君不見法蘭西國王（頁138） 共和欲法美利堅（頁138） 匈國金牛大憲章（頁138） 試觀英德紀功碑（頁138） 更有少年意大利（頁138） 日俄烜睒水犀雄（頁141） 波蘭、埃及有前鑒（頁152） 年時擅菲濱雄（頁309） 遠賈於海外之斐獵濱島者（頁411）	客南洋新加坡作（頁37） 新嘉坡竹枝詞（頁40） 荷蘭屬地（頁41） 遊暹羅佛寺（頁42） 有日本人根岸辰雄（頁88） 或薦美利堅，或薦德意志（頁90） 謝汝銓有菲律賓之行（頁102） 異種流傳英美日（頁209）	英都牡丹花大倍常（頁85） 眞見葡萄屬漢家（頁135） 人來西貢作花朝（頁141） 水程幾日達高棉（頁142） 萬疊山青滿剌加（頁145） 由星嘉坡抵檳榔嶼舟中口號（頁145）

外國地名	泰西擅奇詭（頁 84） 有客新從呂宋回（頁121） 急隨番客呂宋行（頁123） 羅馬書生瑪志尼（頁164） 蘇門答臘古所無（頁311）	西伯利亞（頁 88） 斜出仁川據平壤（頁124） 何如黃海、黑海、地中海（頁192） 有客棉蘭正倚樓（頁197）	柏林城小詩壇大（頁74） 西貢雜詩（頁142） 紐約鐵橋天下稀（頁161） 海天長嘯落機峰（頁227） 蘭因河畔維舟夕（頁341） 夢繞落機天外峰（頁362）	棉蘭深處讀書堂
外國人名	盧梭先哲倡民約，邊沁因之說利樂（頁138） 惠靈吞勇毛奇智（頁138） 噶蘇士後有狄渥（頁138） 米拉伯爵奮袂起（頁139） 巴黎市長推伯利（頁139） 繼以拿坡崙第三（頁139） 法蘭西國王路易（頁139） 羅馬書生瑪志尼（頁164） 秀哲羅蘭說（頁341）	盧梭、達爾文（頁90）	尋洲志偉高倫布，開國功高卓耳基（頁361） 逢人莫說華盛頓（頁362）	
音譯外語		歸化巫來開淡叭（巫語謂埠爲淡叭）（頁180） 蘇丹（王號）草殿間（頁193） 摩達（番名）椰棚破（頁193） 莫被人當作居里（外國賤者之稱）（頁216） 過拉武漢（日里地名），筆底沙邊（日里地名）（頁218）		
外國語言名稱	傅會蠟丁文（頁84）		殘坊剔蘚讀和文（頁136） 傳經但讀佉廬字（頁142） 報關但用橫行字（頁172）	

宗教	神權今已渺（頁168）	耶穌安息遠相期（頁168）	彼乃有帝解造日，將惑黃種歸亞當（頁45）	
			逢著人天安息日，亞當親挾夏娃來（頁135）	
			天主堂高十字支，築從新教未行時（頁135）	
			自從象教嗟中衰，中分淨土參耶回（頁154）	
			競假天堂地獄說，乘虛與佛爭東來（頁154）	
			商誇洋籍民洋教（頁172）	
			道左耶穌最誘民〔註399〕	
武器	船礮競堅利（頁84） 揣摩毛瑟伎（頁84） 礮利船堅究難恃（頁152） 毛瑟神鎗五百聲（頁191）	船堅礮利誇富強（頁45） 礮利船堅計盡贏（頁95）	礮雨槍雲鐵飛艦（頁154） 馬江雖敗船政在（頁175）	
經濟	銳欲以商戰競全球（頁265） 地球商戰今縱橫（頁282） 地球商戰紛如毛（頁299） 率我華旅，商戰群英（頁386） 商戰地球（頁387） 魚龍曼衍於商戰之場（頁424）	太息資本家（頁90） 當道憣然力保商（頁151） 操縱金融資轉運（頁193）	自從互市啓海禁（頁33） 百粵安危關互市（頁61） 互市開明代（頁105） 峨峨新舊兩海關（頁172） 中朝取之償國債（頁172） 新關稅入餘百萬（頁172） 入口歲贏二千萬（頁172） 惟潮出口糖大宗（頁172） 日日洋輪出入口（頁172）	

〔註399〕丘逢甲：〈臺灣竹枝詞〉之十一，收入林文龍：《臺灣詩錄拾遺》（南投：臺灣省文獻委員會，1979年12月），頁162。

			中朝屢詔言保商（頁173） 惜無人陳保工議（頁173）	
交通	郵筒送臘復迎正（頁215） 電音海外來（頁320） 新聞一出，速於置郵（頁391）	火輪碾水吼車聲（頁56） 南門鐵道電驅雷（頁80） 電氣走飛車（頁95） 郵筒來往日交馳（頁188） 交通鐵軌布縱橫（頁193）	電影雷聲三百里，角飛城畔試飛車（《丘逢甲遺作》頁67） 等閒笑看火車來（《丘逢甲遺作》頁67） 輪鐵南交走電軒（頁61） 千里火輪船（頁105） 飛機近百年（頁105） 慎勿惜郵筒（頁105） 自從蒸氣走車舟（頁194） 雷車電索蠻夷氣（《柏莊詩草》頁101） 等閒笑看火車來（《柏莊詩草》頁67）	往復郵筒仗雁臣
工業		重幣聘工師，多金購機器（頁90）	坐令機械生西歐（頁111） 萬怪千奇機械見（頁140） 老生抵死讐機器（頁173）	
醫藥	誰知碧眼刀圭藥，壓倒千金肘後方（頁272）	設院施醫拯病氓（頁193）	急效旁求海上方（兼用西醫藥）（《柏莊詩草》50頁）	
鴉片	毒煽芙蓉海外煙（頁136） 可憐幻作芙蓉城（頁201） 芙蓉毒遍十八堡（頁201） 群魔競竊芙蓉主（頁201） 咄哉芙蓉毒有終（頁201） □將芙蓉城（頁202）		芙蓉此煽妖（頁30） 化身待挽芙蓉劫（頁87） 芙蓉亦花妖，轉海毒我民（頁278） 惟煽芙蓉妖，流毒遠相被（頁295） 罌粟花開別樣鮮，阿芙蓉滿臺天〔註400〕	

〔註400〕丘逢甲：〈臺灣竹枝詞〉之十一，收入林文龍：《臺灣詩錄拾遺》（南投：臺灣省文獻委員會，1979 年 12 月），頁 162。

風俗	二十五載銀婚式（頁164） 齊眉縷指說『銀婚』（頁208） 銀婚僂指到金婚（頁259） 最羨水晶婚裡過（頁259） 統金婚石婚爲無量壽（頁424）			豔說銀婚歐俗始 金婚待祝熱心香 憶昔銀婚開喜讌
攝影	頗黎攝影阿堵中（頁165） 小憩水鏡亭攝影（頁166） 予報以最近攝影一幀（頁181）	用西人影相（頁44） 漫榮攝影照青銅（頁83）	直與明鏡攝影齊神工（頁242） 以攝影心太平草廬圖移寫紙本（頁244）	
器物	六角頗黎外（頁46） 自鳴鐘（頁56） 踏碎頗黎世界（頁349）		飛輪碾海脆作玻璃聲。（頁141） 玻璨五色照開廳（頁272）	
飲食	倚樹閒吸淡巴菰（頁20） 泰西饌味牛脂嫩（頁165） 韻香以泰西酒餅相貽（頁183）			

除了時代新詞的運用之外，海東四子作品中亦採用俗言諺語，梁啓超就曾指出丘逢甲作品語言「以民間流行最俗最不經之語入詩」的這一特色：

> 若以詩人之詩論，則邱倉海逢甲其亦天下健者矣。嘗記其〈己亥秋感〉八首之一云：「遺偈爭談黃蘗禪，荒唐說餅更青田。戴鰲豈應遷都兆，逐鹿休訛厄運年。心痛上陽眞畫地，眼驚太白果經天。只愁識緯非虛語，落日西風意惘然。」蓋以民間流行最俗最不經之語入詩，而能雅馴溫厚乃爾，得不謂詩界革命一鉅子耶？〔註401〕

大陸學者徐博東在〈試析丘逢甲詩歌的藝術特色及其詩歌理論〉文中也說：

> 丘詩受到嶺南詩派和客家民謠的影響，他激賞嶺南詩派的雄直清

〔註401〕梁啓超：《飲冰室詩話》，收入《飲冰室專集》（臺北：臺灣中華書局，1978年4月），頁24。梁啓超這裡引錄的詩作，丘逢甲集中未收。

奇,盛贊善向民歌學習的詩人(如胡曉岑)。……他自己的作品如〈游
姜畬題山壁〉即俗諺和童謠脫胎而來,易于傳誦,頗富生活情趣。
又有作品是吸取了反映新思想、新知識的新名詞和新術語,如地球、
亞當、民主等,這是響應黃遵憲的「我手寫吾口」的文學主張,無
疑給晚清詩壇吹了一股清冽的新風。〔註402〕

不僅丘逢甲採用俗諺、方言入詩,施士洁、許南英的作品中也都可見到
當時的俚語俗諺和日常用語。下面將海東四子作品中的俚語俗諺和日常用語
歸納並製為表格。

海東四子作品中所使用的時語與俚語、俗諺

時詞	施 士 洁	許 南 英	丘 逢 甲
新軍		青年待起自強軍(頁86) 忽報新軍蟻鬥酣(頁88) 武漢新軍莽莽行(頁174) 新軍走狗騷潮惠(頁179)	新軍成陣復成標(頁234) 新軍未立思頗牧(頁364)
辛亥革命	演出絕大革命革(頁139) 吾國革命獨無血(頁140) 無端革命生風潮(頁152) 黨禍無端又羅織(頁210) 辛亥鼎革之秋(頁427)	黃花岡畔足千秋,志士相逢地下遊(頁175) 為君縷述辛亥之兵戎(頁176) 操戈同室悲辛亥,白骨黃花尚未寒(頁193)	彼哉革命黨何言(頁223) 官言革命黨為孽(頁223)
洪憲		帝制無成洪憲終(頁176) 削平洪憲已週年(頁193)	
民族	軒轅漢族(頁386) 五族共和(頁411)	翳彼異國人,終非我族類(頁90) 閱歷共和五族春(頁155) 五族共和興論定(頁176) 八百餘年光漢族(頁179)	下言政酷上種別(頁223)
民國	以壽民國之萬歲兮(頁390) 翳我民國,得此共和(頁390) 民國肇紀(頁392) 民國肇建(頁411)	俄驚席卷新民國(頁136) 共和民國五週年(頁187)	
時人		振民革命首康梁(頁151) 中山克強歸響應(頁176) 何物袁氏貪天功(頁176)	

〔註402〕收入《臺灣研究集刊》,1987年第1期,頁76。

保商		當道憣然力保商（頁151）	
國粹	眷念吾國粹（頁183） 茹痛保國粹（頁195）	絃誦一堂珍國粹（頁176）	心關國粹謀興學（頁178）
撤簾			早教簾撤聖神皇（頁160）
唐山			「唐山」流寓話巢痕〔註403〕
斷髮		仲雍斷髮居吳地（頁107） 斷髮從吳俗（頁108）	文章斷髮身（頁118） 乃有斷髮新少年（頁229）
女學	從此女權開學界（頁341）		
方言俗諺	吾師責我不攻苦，『墨水何止飲一升』。（頁18） 吾兄疑我不經意，阿婆得無孩倒繃。（頁18）	有人奮勇上孤棚（頁10） 冬至家家作粉彈（頁10） 巧將糯米為龍鳳（頁10） 一重溪、茱寮、拔馬、錫猴、……烏山、淡水溪、八張犁，皆番社名（頁33） 臺灣志載：「黃菓曰檨。」（頁59） 臺灣蠻語『埋冤』字（頁83） 臺人有『家欲破，屋成路』之謠（頁110） 臺灣為防疫起見，每戶月必捕鼠二頭，否則納金，名曰『鼠組合』）（頁110） 此鄉番語號『林投』（頁113）	貴則為寶賤則為草，鄉諺也（頁9） 鳳凰山上日雲煙（潮諺：鳳凰山上無日無雲煙，湘子橋上無日無神仙）（頁48） 插秧曰播，與閩語同，最古（頁112） 待詔山土音作大鳥（頁113） 柑花開，吳王來；柑結子，吳王死（此童謠語）（頁117） 比較生涯薑更好（『畜羊種薑、利息難當』，俗諺也）（頁165） 兒童都唱月光光（月光光、好種薑，童謠語）（頁165） 正月蟾蜍已落塘（蟾蜍落塘，宜下穀種；農家以為占驗）（頁165） 珍重孝廉船北上，西湖波定鳳皇鳴（潮諺云：鳳嘯湖平，代出公卿）。（頁311） 〈子游泥（虞山言夫子墓土最宜種蘭，土人名之曰『子游泥』）〉（頁346） 寒齋獨客溫鄉語，海上桑田農諺古（臺俗以初九頭陽，十九為二陽，二十九為三陽，農家諺云：頭陽雨，二陽風，三陽無雨好收多）。（頁350）

　　無論這些新詞後來是消失了，還是一直沿用到今日，我們可以由此了解到：生活在當時時代的臺灣海東四子，他們接受採納的時代新詞是多元的，

〔註403〕丘逢甲：〈臺灣竹枝詞〉之十一，收入林文龍：《臺灣詩錄拾遺》（南投：臺灣省文獻委員會，1979年12月），頁162。

有種族觀念、進化思想方面的、例如：黃種、白種、天演論、優勝劣敗等；有民主政治思想方面的，例如民主、自由、平等、合群、主權等，又有政治制度方面的，例如：憲法、國民、公僕、國會、議院等新詞；有武器物資方面的，例如船堅砲利、毛瑟槍、飛機、火車、機器、西方醫療、攝影術等新詞；又有科學知識方面的，例如氣象、地球、經緯、赤道、五大洲等新詞，還有世界觀念的開拓，認識了地球上其他洲的其他國家，以及這些國家的語言、文字、文化、宗教、城市、人物等等新詞。除了這些翻譯西書而傳進來的新詞之外，另外，還有不少是當時所產生的時代用語，例如在種族接觸比較之後，而有列強、殖民、病夫、睡獅、瓜分等時代詞語；又為了學習西方新學而有維新、變法等自強運動，在推動這些運動中又產生覺民、喚醒國魂、國粹、女權、女學、保商、保工等時代新詞；清末民初的革命行動則產生了新軍、洪憲、民國、共和等新詞。

　　若就海東四子所使用的新詞情形來做比較，他們相同的地方是使用的新詞都很多元且豐富，不過其中也略有差異，例如施士洁特別注意西方的婚俗、飲食、攝影、武器等；許南英則對革命、民國成立後的發展甚是關切；丘逢甲對科學知識、列強的經濟侵略問題有深入觀察，並且擔憂基督教傳入對中國文化造成影響。新的詞彙，就是新的概念工具，它們的引進，微妙地改變了整個文化，也使得人們在理解及詮釋他們的經驗世界時，產生了深刻的改變。〔註404〕我們從海東四子運用新詞、時語的情形，可以了解他們接觸到那些新學、關注那些時事，以及他們學習接受的大致情形。

〔註404〕王汎森：〈「思想資源」與「概念工具」——戊戌前後的幾種日本因素〉，收入《中國近代思想與學術的系譜》（臺北：聯經出版公司，2003 年 6 月），頁 188。